菲律賓
宿霧

Cebu Island Philippines

Lala Citta是義大利文的「城市=La Citta」，
和享受輕快旅行印象綜合而成的用語。
優美的沙灘、南國印象的雜貨、
在豐饒大海捕獲的海鮮，以及極致享樂的SPA…♥
就讓我們出發前往菲律賓，來趟難忘的旅遊體驗吧！

快速認識菲律賓…P4　徹底玩翻宿霧！4天3夜的經典標準行程…P6

在宿霧如願以償 ♥♥
私房典藏的宿霧5景

♥ 在樂園度假村徹底享受公主般的尊貴禮遇！…P8

♥ 在歐斯陸和鯨鯊相見歡！…P12

♥ 令人無比感動的巧克力山！…P14

♥ 好想將可愛的菲律賓水果拍照上傳社群網站！…P16

♥ 盡情採買Made In Philippines的伴手禮！…P18

Cebu Is.
◉ 宿霧

區域NAVI…P20

魂牽夢縈度假村飯店…P22

別具特色的休閒風度假村…P32

島嶼野餐…P34

潛水體驗…P36

墨寶的純白沙灘…P38

海洋水上活動…P40

用半天遊逛！宿霧市區漫步…P42

夕陽遊船…P44

別具特色的購物中心…P46

菲律賓原產雜貨…P48

在超市採買物美價廉的伴手禮…P50

絕美海景餐廳…P52

菲律賓的在地美味菜色…P54

在時髦設計的咖啡廳內享用早餐…P56

療癒身心的飯店SPA…P58

堅持品質的街頭SPA…P60

氣氛絕佳的酒吧…P62

宿霧出發！廣受歡迎的自選行程…P64

還有還有！宿霧的備受矚目景點…P66

Bohol Is.
◉ 薄荷島

區域NAVI…P72

1Day行程…P74

阿羅那海灘…P76

度假村飯店…P78

Boracay Is.
◉ 長灘島

區域NAVI…P82

戶外活動…P84

還有還有！長灘島的備受矚目景點…P86

度假村飯店…P88

Northern Palawan
北巴拉望

度假村飯店…P92

Manila
馬尼拉

區域NAVI…P98

舊街區漫遊歷史性景點…P100

2大購物景點…P102

新鮮！美味！生猛海鮮…P104

浪漫夕陽&夜景餐廳…P106

馬尼拉出發！
廣受歡迎的自選行程…P108

還有還有！
馬尼拉的備受矚目景點…P110

市區飯店…P112

旅行info

出入境資訊 …P116

從機場到市區 …P118

旅遊常識 …P120

索引…P126

附錄MAP

宿霧全圖 …P2

宿霧市區 …P4

麥克坦島 …P6

阿羅那海灘(薄荷島)／
長灘島 …P7

馬尼拉大都會廣域圖 …P8

馬尼拉大都會市中心 …P9

馬卡蒂 …P10

菲律賓全圖 …P11

宿霧的交通 …P12

馬尼拉的交通 …P14

本書的標示

⊗ 交通

ⓘ 地址

☎ 電話號碼

🕐 開館時間、營業時間

㊡ 公休

㊎ 費用

㊙ 需事先預約。或建議事先預約

[英] 有諳英語的員工

[菜] 有英語菜單

♡ 有著裝規定

[不可] 不可使用信用卡支付

其他注意事項

●本書所刊載的內容及資訊，是基於2018年3月時的取材、調查編輯而成。書籍發行後，在費用、營業時間、公休日、菜單等營業內容上可能有所變動，或是因臨時歇業而有無法利用的狀況。此外，包含各種資訊在內的刊載內容，雖然已經極力追求資訊的正確性，但仍建議在出發前以電話等方式做確認、預約。此外，因本書刊載內容而造成的損害賠償責任等，敝公司無法提供保證，請在確認此點之後再行購買。

●本書所刊載的電話號碼除了特別標註外，基本上為當地的電話號碼。所有號碼皆包含市外區碼。

●休息時間基本上僅標示公休日，省略新年期間、復活祭、聖誕節和國定紀念日等節日。

●費用的標示為成人的費用。

旅行出發前事先確認！

快速認識菲律賓

菲律賓由7109座島嶼組成，因島嶼和區域的不同而有著豐富多樣的旅行風格。
找尋能讓旅行願望成真的地點吧。

N

基本資訊

國名：菲律賓共和國　人口：約1億98萬人（2015年）
面積：29萬9404㎢（約台灣的8倍）
時差：無（和台灣相同）
貨幣：菲律賓披索（P）。1P＝0.6台幣（2019年5月時）

從馬尼拉到巴拉望島的艾爾尼多機場搭飛機約1小時。前往各島嶼則要靠車輛及船隻

呂宋島

1 馬尼拉

從馬尼拉到班乃島的卡提克蘭機場或卡利博機場搭飛機約1小時

民答洛島

4 長灘島

班乃島

內格羅斯島

2 北巴拉望

巴拉望島

新舊文化所交織的
近代都市

1 馬尼拉 →P97
Manila

位於菲律賓最大島嶼——呂宋島的菲律賓首都。購物中心和高級飯店匯集於此，餐廳的品質也極高。馬尼拉大都會的中心區域保留著殖民地時代的建築物。

1：曾因天災和戰爭遭受破壞，1958年重建的馬尼拉大教堂→P100
2：近年來流行的露天酒吧。Firefly Roof Deck→P107

無盡瑰麗碧海的秘境區域

2 北巴拉望 →P91
Northern Palawan

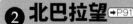

巴拉望群島的北部，保留未受人工雕琢的自然區域。在1座島上僅有1座飯店的島嶼度假區休閒放鬆。

1：在海灣設置水上度假村的阿普莉度假村→P94
2：艾爾尼多（愛妮島）的潟湖行程能在平穩的大海划獨木舟

1

秀麗海洋誘人的
海灘度假村

❸ 宿霧 →P19
Cebu Island

從台灣有直飛班機，為菲律賓首屈一指的度假勝地。度假飯店聚集於國際機場所在地的麥克坦島。在極度透明的海濱能享受潛水或島嶼野餐等豐富多樣的活動。

1：供奉奇蹟聖像，位於宿霧市區的聖嬰聖殿
→P42
2：香格里拉麥丹島度假酒店（→P23）前的美麗大海和沙灘

從馬尼拉到麥克坦國際機場搭飛機約1小時15分。宿霧和麥克坦島間有橋梁相連

白砂沙灘綿延的純樸島嶼

❹ 長灘島 →P81
Boracay Island

1

西海岸延伸約4km的純白沙灘為魅力之處。沙灘沿岸有著眾多度假飯店。

1：西海岸的純白沙灘擁有世界頂級的美麗景色
2：香格里拉長灘島度假酒店的美景餐廳
Sirena→P88

2

薩馬島

麥克坦島

雷伊泰島

宿霧 ❸

❺ 薄荷島

邦勞島

民答那峨島

從宿霧港搭船前往薄荷島約1小時30分。也有馬尼拉出發的直飛航班

備受矚目的自然環境島嶼

1

❺ 薄荷島 →P71
Bohol Island

薄荷島上有著高達30m丘陵連綿的巧克力山，以及世界最小原始猴的眼鏡猴等，是座深受自然恩惠的島嶼。經過橋梁可達邦勞島上的阿羅那海灘，有著眾多的度假村飯店。

1：超過1000個丘陵連綿的巧克力山，呈現出夢幻的景象→P14
2：位於邦勞島南部的阿羅那海灘，觀光客絡繹不絕→P76

2

HELLO!

徹底玩翻宿霧！

4天3夜的經典標準行程

除了蔚藍大海，還能享受到美食和購物的充實行程。
也別忘了挪出些在度假村飯店休閒的優雅時間吧！

DAY 1

第1天悠閒度過♪
夕陽遊船

10:05
抵達麥克坦國際機場
↓ 車程約20分

12:00
前往麥克坦島的飯店
↓ 步行5分

欣賞夕陽度過羅曼蒂克的時光→P44

17:00
夕陽遊船啓航～！
↓ 乘船2小時

能在海上享用晚餐的Ibiza Beach Club→P62

20:00
在飯店的餐廳享用晚餐

ADVICE!
機場交通方式有計程車或附駕租車服務等。請事先確認→P118

麥克坦島的東南部為沙灘度假地

行程備案
若有餘力，前往宿霧或麥克坦島的餐廳也是一大樂趣。去程可請飯店、回程可請餐廳幫忙叫計程車。

DAY 2

前往受惠於豐沛自然的
**薄荷島
1日行程！**

11:45
抵達薄荷島！
↓ 車程1小時

從宿霧搭乘快速船約2小時

12:45
搭船遊河&午餐時光
↓ 車程30分

乘船遊羅伯克河的同時品嘗菲律賓菜的自助餐！→P74

我最愛吃蟋蟀了♪

ADVICE!
眼鏡猴是瀕臨絕種的世界最小原始猴。由於容易受驚，所以禁止用閃光燈拍照。

14:20
和可愛的眼鏡猴相見歡！
↓ 車程1小時15分

爬上220階的樓梯後，在瞭望台所欣賞到的巧克力山→P14、75

15:15
以壯觀的巧克力山
為背景拍照留念
↓ 車、船程3小時

在社群網站上超吸睛！

行程備案
在宿霧南部的歐斯陸能和鯨鯊一同於水中悠游！由於從麥克坦島或宿霧市區車程單趟需花費3小時，所以建議參加清晨出發的1日行程。

20:30
抵達宿霧的港口
↓ 車程40分

在能欣賞到遊艇俱樂部的碼頭海景中享用爽口的晚餐→P53

21:30
在知名的餐廳享用海鮮美食

可愛小魚的
近身接觸！

DAY 3

以優美海洋為舞台
島嶼野餐

9:30
從麥克坦島的棧橋出發
↓ 船程30分

10:00
在希魯東根島
享受浮潛
↓ 船程30分

海洋保護區的希魯東根島周圍有著眾多魚群
→P34

在娜魯萱島
享用菲律賓
菜的BBQ
午餐→P35

11:30
在娜魯萱島享用
BBQ午餐♪
↓ 車、船程共1小時

帽子也可以
選擇在
當地購買

在當地品牌豐富的
Ayala Center購物
血拼→P47

15:00
返回飯店換裝
↓ 車程40分

ADVICE!
想購買具有菲律賓特
色的伴手禮，可以選
擇當地品牌或是用南
國素材製作的雜貨。
→P48

17:00
在購物中心
享受血拼☆
↓ 步行即到

Ice Catsle的哈囉哈
囉冰有著滿滿的水果
→P17

18:00
購物的空閒片刻
享用哈囉哈囉冰♪
↓ 車程10分

和啤酒簡直
絕配～！

以鮮嫩多汁的菲律賓烤乳豬Lechon
聞名的House of Lechon→P54

行程備案
想拉近和宿霧大海的距離便不妨挑
戰潛水吧。高透明度的碧海是體驗
潛水的舞台。能觀察到五顏六色的
熱帶魚。

20:00
品嘗當地受歡迎
的菲律賓菜晚餐

DAY 4

最後一天在飯店內
徹底享受度
假勝地氣氛

7:30
早餐後在
泳池悠閒度過
↓

海灘也是
頂級水準！

9:00
從飯店出發
↓ 車程20分

在擁有宿霧
最大規模設
施的Chi
Spa調整身
心的均衡
→P58

11:05
從麥克坦國際機場出發
↓

種植園海灘度假村的泳池不用解釋就是
寬廣→P26

ADVICE!
機場內販售的伴手禮並
不充沛，建議在回國前
事先購買。

14:00
抵達桃園國際機場

SPECIAL SCENE5

在宿霧如願以償 ♥

私房典藏的宿霧5景

在此推薦來宿霧絕對要體驗的5種情境！從優雅的度假村生活、和壯觀大自然的互動接觸、
一直到適合拍照打卡的甜點與雜貨等，完整介紹宿霧Halo-Halo(綜合混搭)的非凡魅力。

SCENE 1

Viva！海灘完美假期

在樂園度假村徹底享受公主般的尊貴禮遇！

在亞洲的樂園宿霧，可選擇一天不外出好好享受飯店設施。清澈透明的碧海、寬敞舒適的泳池、美景餐廳再加上優雅的SPA…讓人更加感受到公主般的備受呵護♡

必做事項！

讓身心變得更美，在SPA體驗花瓣浴♡

女性畢生中勢必會想體驗一次的花瓣浴。浸泡在色彩繽紛熱帶花瓣所漂浮的精油浴池中，據說有紓解壓力和放鬆身心的效果。

右：鮮豔花瓣漂浮的寬敞浴池是女性們的憧憬！
→P25
左：使用的備品皆為高品質
→P58

必做事項！

在和水平線融為一體的無邊際泳池自拍！

泡在度假村飯店的泳池，從此角度所見到水平線延伸的無邊界美景最為經典。若是從較低位置拍攝，泳池和大海會彷彿相連。

上：延伸至大海的蔚藍泳池→P28
左：被椰子樹環抱的香格里拉酒店泳池→P22

必做事項！

漫步於閃耀著翡翠色的淺水潟湖♪

麥克坦島的度假村飯店前是土耳其藍的大海。波浪反覆拍打純白沙灘的景色宛如樂園的寫照。

香格里拉麥丹島度假酒店的前面是海象平穩的潟湖→P22

夕陽渲染的天空絕美。氣候變得涼爽所以最適合散步

必做事項！

在羅曼蒂克的度假村餐廳享受大海和美味海鮮！

在飯店自傲的餐廳享受海洋景觀與美味料理。在宿霧的豐饒大海捕獲的新鮮海鮮更是不可不嘗！敬請徹底享受優雅的氛圍。

右：香格里拉酒店的Cowrie Cove→P52
下：瑞享飯店的海上餐廳→P62

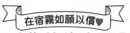

私房典藏的宿霧5景

SCENE 1　在樂園度假村徹底享受公主般的尊貴禮遇！

樂園度假村生活1DAY情境模擬！

在宿霧的度假村飯店，從早到晚都能完整體驗到樂園的氣氛。

7:00
早起在清爽的
早晨散步

舒暢海風吹拂的早晨最適合散步。漫步於海灘的同時，不妨尋找前晚被拍打上岸的珊瑚和貝殼吧。

> 從天空欣賞的景色令人感動☆

Exciting!

9:30
以優美碧海為舞台
享受各式戶外活動！

不妨在度假村飯店前的大海挑戰各類戶外活動。也有提供給初學者的附課程方案。

> 這就是宿霧！
> 在飯店前的大海遊玩，戶外活動的種類也豐富多樣！

───── 8:00 ───── 11:00 ─────
7:00　　　　　9:30

8:00
享用擁有豐富水果的
健康養身早餐

早餐享用奢華的自助餐！攝取新鮮的水果讓自己充飽能量。菲律賓菜更是美味♪

> 這就是宿霧！
> 優美的沙灘上擺滿著飯店的專用陽傘，讓旅客感覺擁有十足的個人隱私♡

> 請注意不要曬傷了～！

fluffy

11:00　在**白砂沙灘**完整享受**度假氛圍**

純白的沙灘讓人不禁欣喜若狂！手持熱帶雞尾酒，躺在沙灘椅上便是最幸福的時光～♪

12:00
在能一覽大海的露臺享受午餐

感受海風的同時享受午餐時光。優美的海洋彷彿讓餐點變得更加美味。

19:00
盛裝打扮優雅地享用晚宴

度假村飯店餐廳網羅了深具實力的主廚，稍做打扮後入內用餐吧！

16:00
犒賞自己日常辛勞的歡愉SPA

在飯店自傲的豪奢SPA內，優雅的裝潢和周到的服務帶您進入療癒的世界。

20:00
一日的尾聲就在酒吧享受大人的專屬時光♪

度假村飯店內的酒吧氣氛絕佳，令人感覺舒適放鬆。由於在飯店內所以無需擔心玩得太晚。

這就是宿霧！
能體驗到菲律賓自古傳承的Hilot或竹式按摩。

13:30 ── 16:00 ── 18:00 ── 19:00 ── 20:00

13:30
在泳池畔悠閒地享受午覺

炎熱的天氣最適合在游泳池畔放鬆歇息。也可以進到泳池清涼一下！

這就是宿霧！
宿霧擁有許多能見到大海的寬敞開放泳池。度假愉悅心情UP！

在專用泳池歇～息放鬆

18:00
啜飲雞尾酒的同時欣賞羅曼蒂克的夕陽

雖然從麥克坦島的東海岸無法直接見到夕陽，但染紅的天空逐漸轉暗的景色如夢似幻。

DRAMATIC

百分百享受度假村住宿的秘訣

位置較佳的陽傘先搶先贏！

陽傘和沙灘椅的數量有限，早些佔好位置總是能令人放心♪

確認每日不同的戶外活動內容

依飯店不同，有的飯店可能會舉辦免費的瑜珈或有氧舞蹈課程！

抵達宿霧的首日就先預約傍晚的SPA

傍晚時段的SPA最為繁忙，若想在傍晚進行SPA則建議提早預約。

※度假村住宿的行程並非為特定飯店，僅供參考

SCENE 2

和世界最大鯊魚共游的珍貴體驗

在歐斯陸
和鯨鯊相見歡!

歐斯陸是位於宿霧市區南邊的小漁村。
這裡有能和體長超過10m的鯨鯊一同悠游的奇蹟之海,
受到觀光客的絕大歡迎!鯨鯊性情溫馴,所以能夠近距離靠近。

鯨鯊伴游的注意事項

1. 由於鯨鯊有可能逃走或是受傷,所以絕對嚴禁觸摸鯨鯊。

2. 敏感的鯨鯊十分懼怕化學性的物質。所以禁止擦防曬乳液,相對地可穿長袖防曬衣對抗紫外線。

3. 鯨鯊會為了討飼料而接近遊船,飽腹後便回到大海。若不是參加行程,則建議早些前往。

能和鯨鯊拍照留念

參加1日行程 Go!

9:30
抵達歐斯陸
聆聽教練所囑咐的各類注意事項。只需事先準備一般的泳裝即可。

5:30
從飯店出發
※從宿霧市區搭車約3小時南下。沿途隨處可見小村落的恬靜風景。

9:45
乘坐螃蟹船
觀察鯊魚
乘船數分後大多能在近海邂逅到鯊魚。為了吃飼料而在水面張開大嘴的樣貌震懾人心!

船艇下方就是鯨鯊的巨大身軀!充滿魄力~

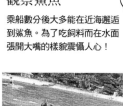

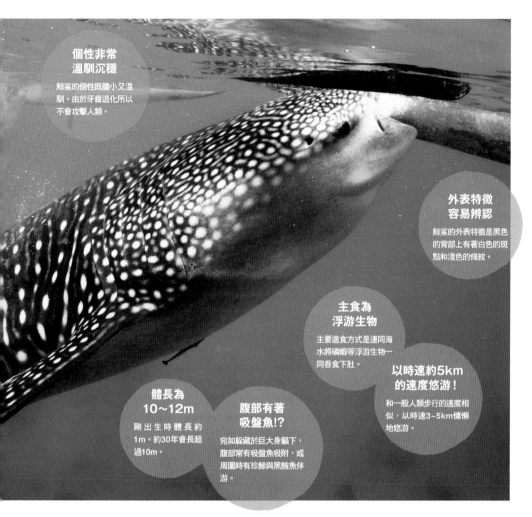

**個性非常
溫馴沉穩**

鯨鯊的個性既膽小又溫馴。由於牙齒退化所以不會攻擊人類。

**外表特徵
容易辨認**

鯨鯊的外表特徵是黑色的背部上有著白色的斑點和淺色的條紋。

**主食為
浮游生物**

主要進食方式是連同海水將磷蝦等浮游生物一同吞食下肚。

**以時速約5km
的速度悠游!**

和一般人類步行的速度相似,以時速3~5km慵懶地悠游。

**體長為
10~12m**

剛出生時體長約1m。約30年會長超過10m。

**腹部有著
吸盤魚!?**

宛如躲藏於巨大身軀下,腹部常有吸盤魚吸附,或周圍時有珍鰺與黑鮪魚伴游。

10:00

⇒ **鯨鯊共游時間、
開始♪**

由於鯨鯊幾乎不會攻擊人類,所以能放心地近身靠近。甚至多的時候會有5~6隻鯨鯊主動接近!

用小型防水&防塵的攝影機進行水中攝影!

12:30

在美景餐廳享用午餐

在位於高處的餐廳邊欣賞大海,邊大啖海鮮和義大利菜。

16:30

抵達飯店

**和鯨鯊一同悠游的行程
GoPro租借方案**

選擇能另行付費租借GoPro的方案來拍攝鯨鯊!在海中越靠近拍攝對象越能拍出好看的照片。

MAP 附錄P3A4 所需時間 11小時~。5時30分出發(含飯店接送) 費 US$180(包含入海費、螃蟹船乘船費、午餐、接送服務、面罩和浮潛器具租借、GoPro租借費),1人成行。但僅1人成行時,會額外收取US$150
URL https://www.veltra.com/jp/asia/philippines/cebu/a/114213
主辦公司 PTN Travel→P65

SCENE 3

雄偉大自然所孕育而出的不可思議藝術
令人無比感動的巧克力山！

位於薄荷島內陸地區，令人驚奇、高約30m的圓錐形山丘群。
放眼望去皆是類似大小的山丘，峰峰相連直到地平線那一端。
大自然所刻畫出的夢幻景致令人讚嘆！

Chocolate Hills Active Plan
在巧克力山徹底享受戶外活動！

1 首先前往**必訪的瞭望台**

登上220階的樓梯後，能從瞭望台將巧克力山一覽無遺。由於能眺望到遠方，所以最適合拍照留念。

連綿凹凸的山丘無比可愛～

2 心驚膽跳的 **高空單車**

高空單車是在空中的繩索上騎單車，有如特技演員般的戶外活動。欣賞的景色無以倫比！

心跳加速！風吹產生的搖晃感令人上癮

通體舒暢的暢快感

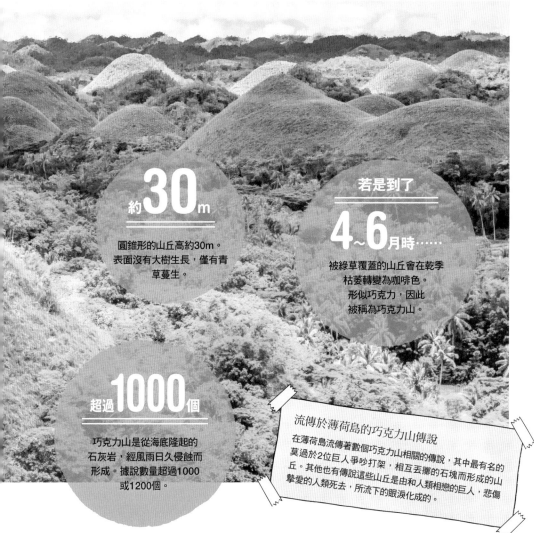

約**30**m

圓錐形的山丘高約30m。
表面沒有大樹生長，僅有青
草蔓生。

若是到了

4~6月時……

被綠草覆蓋的山丘會在乾季
枯萎轉變為咖啡色。
形似巧克力，因此
被稱為巧克力山。

超過**1000**個

巧克力山是從海底隆起的
石灰岩，經風雨日久侵蝕而
形成。據說數量超過1000
或1200個。

流傳於薄荷島的巧克力山傳說

在薄荷島流傳著數個巧克力山相關的傳說，其中最有名的
莫過於2位巨人爭吵打架，相互丟擲的石塊而形成的山
丘。其他也有傳說這些山丘是由和人類相戀的巨人，悲傷
摯愛的人類死去，所流下的眼淚化成的。

3 騎乘**越野車**前往**山丘山麓**GO

騎乘越野車奔馳於砂石路上，前往巧克力山的山
麓。周圍皆是連綿的巨大山丘。

MYSTERIOUS!

奔馳於360度巧克力山環繞的
美景路線

以山丘為背景
自拍美照♪

TOUR DATA

薄荷島巧克力山冒險公園行程

不僅只是欣賞巧克力山，而是透過戶外活動
以各種角度親近自然的行程。

MAP 附錄P3C3
所需時間 13小時。6時出發（含飯店接送）
US$115（包含設施入場費、河川遊船午
餐、高速船往返、接送服務），2人以上成
行。PTN Travel→P65

※前往薄荷島的交通方式請參閱P73！

甘甜和酸味相交的
芒果 *Mango*

爽口酸味十分美味
蘭撒果 *Langsat*

新鮮的水果是
美味秘訣！

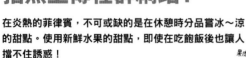

SCENE 4

熱帶水果滿籮筐♪
好想將可愛的菲律賓水果
拍照上傳社群網站！

在炎熱的菲律賓，不可或缺的是在休憩時分品嘗冰～涼的甜點。使用新鮮水果的甜點，即使在吃飽飯後也讓人擋不住誘惑！

白色果肉的南國風水果
紅毛丹 *Rambutan*

多汁的水果女王
山竹 *Mangosteen*

果肉濃稠一吃上癮!?
榴槤 *Durian*

香草冰淇淋

蒸香蕉

參薯冰淇淋

波蘿蜜

蜜豆

參薯醬

果凍

芒果

A 芒果冰

Mango Giants

Mango Giants 148P
使用大量新鮮芒果的豪華甜點。在口中融化的新鮮果肉酸度適中，極度美味。

芒果

B 麻糬 水蜜桃

Peachy Romance

Peach Romance
69P（16oz）
芒果＆水蜜桃冰沙之下藏著粉圓的奢侈飲品。最頂部放上水蜜桃和麻糬。

粉圓 芒果

Halo-Halo Special

A Halo-Halo Special 148P
他加祿語中Halo-Halo有著「綜合混搭」的意思。味道一如其名，迥異的口感和甜味香氣的刺激感，令人倍感幸福！

A 曼達維 咖啡廳

Ice Giants
除了哈囉哈囉冰外，總匯和聖代等冰品都很受歡迎。若是甜品喜好者不妨挑戰相當於4人份的巨大哈囉哈囉冰。MAP附錄P5C2 ⊗Osmeña Circle車程20分 ⊕City Time Square, Mandawe Ave., Mandaue City ☎032-268-2035 ⊕12～23時(週五、六～24時) ⊕無 英

B 宿霧市區 外帶美食

The Mango Farm
菲律賓全國皆有的水果冰沙店。點餐後用果汁機現打的冰沙是善用水果甘甜的滋味。有12oz、16oz、22oz等3種尺寸。MAP附錄P4B2 ⊗Osmeña Circle車程15分 ⊕2F, SM City Cebu, North Reclamation Area, Cebu City ☎無 ⊕10～21時(週五、六～22時) ⊕無 英 酒

B Mango Sago
69P（16oz）
擺滿新鮮芒果和粉圓的芒果奶昔。能吃到多樣化的芒果讓人開心！

Mango Sago

享受不同
口感的芒果

Buko Pandan

香蘭果凍
椰子冰淇淋
米香粒

菲律賓的傳統風味
讓人一吃上癮！

A Buko Pandan 158P

甘甜的香蘭葉和椰子是菲律
賓最經典的美味組合。味道
濃厚但爽口的香蘭椰子醬十
分美味！

總之水果就能
多到吃得滿足☆

Spirit Supreme 170P

有著香蕉、鳳梨和芒果等滿滿的水果。
濃郁的參薯和爽口的香草冰淇淋也讓人
期待。

Spirit Supreme

C

參薯冰淇淋
鳳梨
香蕉
香草冰淇淋
芒果

芒果冰淇淋
蒸香蕉
果凍
玉米
參薯冰淇淋
布丁
參薯醬
蜜豆
椰肉

C Halo-Halo Super 100P

加入冰淇淋和果凍，以及
玉米、豆類與椰子薄片的
哈囉哈囉冰。能感受到甜
味適中的食材滋味。

Halo-Halo Super

南國滋味
讓人念念不忘！

百香果
義式冰淇淋

D 百香果 180P (2 Scoop)

爽口的酸味為特徵的百
香果義式冰淇淋。酸甜
的果肉滋味極度美味。
種子吃起來像零嘴！

Passionfruits

C 宿霧市區 咖啡廳

Ice Castle

使用大量水果的甜點豐富多
樣。哈囉哈囉冰遵從古早配方
做出傳統滋味，受到廣泛年齡
層的熱烈支持。 MAP 附錄
P4B2 ⊗Osmeña Circle車程
15分 ⊕4F, Ayala Center
Cebu, Cardinal Rosales
Ave., Cebu City ☎032-415-
8060 ⏰10〜21時(週五、六為
〜22時) ⊗無 英 酒

D 宿霧市區 外帶美食

Gelatissimo

雪梨發祥的義式冰淇淋專賣
店。提供約24種口味的冰淇
淋，能選擇杯裝或甜筒享用。
1球130P、2球185P、3球
220P。 MAP 附錄P4B2 ⊗
Osmeña Circle車程15分 ⊕
Upper Ground, SM City
Cebu, North Reclamation
Area, Cebu City ☎無 ⏰9〜
21時(週五、六為10〜22時)
⊗無 英 英

椰子義式冰淇淋

D 椰子 185P

乳脂狀的椰子是宿霧
的特色口味。放入嘴
中瞬間擴散的濃醇甘
甜，吃到最後則清爽
地消散而去。

Coconuts

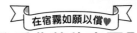
私房典藏的宿霧5景

SCENE 5

將在地的魅力帶回家吧！

盡情採買Made In Philippines的伴手禮！

在菲律賓首先必買的便是菲律賓當地產的商品。
特產芒果乾、天然材料製作的小物、或是能在度假村派上用場的時尚商品等不容錯過！

keyword 1

芒果乾
Dried Mango

菲律賓特產的Pelican芒果，恰到好處的酸甜味是最大的魅力。芒果乾最適合作為贈送親朋好友的伴手禮。能在機場伴手禮店和超市等處購買。

帶有高級感！

Fruit Tree
具透明感的美觀芒果
／109.50P

果實感
甜味　香氣

FRESH！

酸味讓人上癮！

果實感
甜味　香氣

口味取得最佳的平衡！

7D
在台灣也廣為人知的商品。特徵是上等的甜味／87.50P

果實感
甜味　香氣

Phillipine Brand
Phillipine Brand綜合口味，加了酸味較強的綠芒果／120P

---

keyword 2

自然風小物
Natural Items

用麻蕉（馬尼拉麻）、香蘭葉或竹子所製作的包包，以及水果做成的肥皂不可錯過！

當地女性愛用品！

PAPAYA SOAP

BLEACHING SOAP

有機肥皂
添加椰子油和木瓜精華所製成的有機肥皂（→P50）／80P

纖維織包
以香蘭或椰子的纖維所編織成的大手提包（→P48）／2499.75P

錢包
香蘭葉的小手拿包風格錢包（→P48Kultura）／99.75P

keyword 3

度假村流行商品
Resort Fashion

在度假村的穿著可選擇於當地購買。在此精選提高度假心情的色彩繽紛商品。

草帽
在海灘和游泳池畔，會需要帽沿較寬可抵抗紫外線和酷暑的帽子（→P47）／200P～

沙灘涼鞋
海濱度假村最不可或缺的就是沙灘涼鞋。試著尋找南國風圖案的涼鞋吧（→P46）／99.75P

連身洋裝
東洋風設計感的連身洋裝是用能穿在泳裝外的材質製成！（→P46）／350P

Area1

宿霧
Cebu Island

休閒假日的舞台是純白沙灘和蔚藍大海！

玩累時就在飯店自傲的頂級SPA享樂。

也別忘了幫甜點和咖啡拍照上傳社群網站♥

宿霧 區域NAVI

從台灣直飛僅需3小時，交通便利為迷人之處的宿霧是能以低廉價格入住度假村飯店的熱門風景區。
就此前往優雅的沙灘假期吧！

宿霧的
必做事項
BEST 3

① 島嶼野餐
(→P34)

巡遊位於麥克坦島海灣的小島群，享受浮潛樂趣和BBQ午餐。

② 和鯨鯊共游
(→P12)

在宿霧南部的歐斯陸，可以和世界最大的魚——鯨鯊一同浮潛！

③ 療癒的SPA體驗
(→P58·60)

這裡有飯店的高級SPA、街頭的知名SPA及廉價按摩等豐富的種類。來體驗公主待遇吧♪

奢華的度假村飯店林立

① 麥克坦島
Mactan Island

國際機場所在地，也是宿霧的玄關口。和宿霧島以2座橋梁相連結。距離機場約20～30分車程的東南海岸是度假村飯店的雲集之處。在海灘能進行浮潛或拖曳傘等海上活動。

1：周邊的海最適合進行浮潛
2：療癒身心的Aum Spa→P59
3：位於藍水邁瑞柏高海灘度假村沙灘上的巨大西洋棋盤→P31

朝氣蓬勃的宿霧心臟地帶

② 宿霧市區
Cebu City

摩天大樓和飯店林立的菲律賓第2大都市。以「菲律賓最古老的都市」、「菲律賓的基督教發祥地」而聞名。定居的外國人眾多，時髦的餐廳和咖啡廳如雨後春筍增加中！

1：宿霧市民愛戴的聖嬰聖殿→P42
2：Birdseed Breakfast Club+Café的鬆餅→P57
3：座落於住宅區的Osmeña Circle

NOSTALGIC!

N
0　20km

• Bogo

Tabuelan•

內格羅斯島

• Sogod

卡
莫
特
斯
海

Carmen•

宿霧　　　Danao•

• Balamban

塔
尼
翁
海
峽

Toledo•　　宿霧市區②　曼達維

麥克坦國際機場✈
Talisay•
麥克坦島①

• Naga

• CarCar

• Sibonga

宿
霧
海
峽

•墨寶

•Badian　　• Argao

薄荷島

Malabuyoc
•　　• Boljoon　塔比拉蘭港　•塔比拉蘭

•歐斯陸　薄荷-邦勞國際機場✈　邦勞島

•Santander

從高空俯瞰
宿霧的大海吧～！

ACCESS

前往宿霧的交通方式

從桃園國際機場有直飛班機，所需約3小時。從麥克坦·宿霧國際機場可搭乘飯店的接送車，或是定額制的Coupon計程車、跳表計程車。到達麥克坦的飯店約20～30分，到宿霧市區約40分～1小時。→P118

菲律賓的代表性航空公司──菲律賓航空

在宿霧的交通方式

對於觀光客最為方便的莫過於計程車或是附駕租車服務。街上攔的跳表式計程車起跳價為40P。請留心有不照表隨意喊價的司機。不放心的人建議搭乘價格固定的飯店計程車。→附錄P12

最適合觀光客的莫過於計程車了

宿霧的
魂牽夢縈度假村飯店
—— Cebu Resort Hotel ——

從豪奢的度假村飯店，到袖珍的精品型度假村等，
在此完整介紹能度過優雅度假村生活的嚴選飯店！

度假村飯店的挑選方式

1
確認飯店的位置
首先決定住宿飯店的區域，
可選擇麥克坦島度假村飯
店，若注重私密感則可
選擇宿霧的南部
或北部。

2
從SPA的類型挑選
飯店的SPA有重視隱私的
精品SPA，或是擁有豐富
選項的豪奢SPA等
種類多樣。

3
從飯店設施決定
飯店設施每家各有特色，有
些飯店會有多座泳池，或有
舉辦戶外活動的公司進駐，
而有的則是擁有豐富多元
的餐廳可供選擇。

Natural!

泳池旁讓人
心情舒適放鬆！

無論是情侶或是家族旅行
皆能心滿意足的豪奢飯店

香格里拉麥丹島
度假酒店

Shangri-La's Mactan Resort & Spa

能俯瞰風平浪靜的海灣，宿霧首屈一指的豪奢飯店。飯店內有以1500㎡為中心的綠意盎然花園，在優美的海灘能見到遊玩戶外活動住客的蹤影。餐廳和SPA等設施應有盡有。

MAP附錄P6B2⊗麥克坦國際機場車程20分① Punta Engano Rd., Lapu-Lapu City, Mactan Is. ☎032-231-0288⊛Deluxe房13000P、Deluxe Sea View14000P、Ocean Wing Premium房15500P～等 [客房數]530間 URLwww.shangri-la.com/cn/

主要設施和服務 戶外泳池（2）、兒童泳池、健身房、按摩浴缸、商務中心、24小時客房服務、兒童遊樂場、網球場、無線網路服務
餐廳&酒吧 Tides（多國菜）、Tea of Spring（中菜）、Cowrie Cove（海鮮）→P52
戶外活動 浮潛裝備300P／1小時、拖曳傘3360P～／15分、香蕉船1512P～／15分等

1：在妍麗花園環抱的泳池放鬆歇息
2：椰子樹環繞的無邊界泳池
3：能在海邊品嘗海鮮料理的Cowrie Cove →P52
4：摩登裝潢的Tea of Spring
5：在10000㎡的庭園中SPA Villa林立的Chi Spa →P58
6：Panorama Suite房的陽台能將紺碧大海一覽無遺

最適合戶外活動的沙灘

被岩石保護的狹小海灣，風平浪靜最適合進行戶外活動。→P40

純白的海灘在海灣劃出和緩的弧度

追求和自然之間的協調，
客房皆為大套房的優美空間

Healing

夜晚時分的
浪漫情懷

還有原創
雞尾酒！

聖費爾南多

普爾基拉度假村 Pulchra

有如拉丁語中「優美」的意思一般，飯店內可見被花草
綠意環抱的客房和餐廳。除Lagoon Suite以外，所有
客房皆附私人泳池，陳設優雅。

MAP 附錄P3B3 ✈麥克坦國際機場車程1小時10分
⊕San Isidro, San Fernand ☎032-232-0823 ⑭Lagoon
Suite US$320～、Pool Lagoon Suite US$385～、Pool
Garden Villa US$730～等 客房數37間 URL www.
pulchraresorts.com

主要設施和服務 戶外泳池、兒童泳池、健身房、托嬰服務、
網球場、24小時客房服務
餐廳&酒吧 Ventus（多國菜）、Ripa（亞洲菜）、Opus
（歐洲菜）等
戶外活動 島嶼浮潛3600P、海上獨木舟免費／30分、日落
遊船1800P／40分等

1：被泳池環繞的主餐廳Ventus。早晚的氛圍截然不同
2：被綠意守護的Seafront Jacuzzi Villa最受歡迎
3：建設於度假村中心，描繪和緩曲線的迴遊式泳池
4：能品嘗到菲律賓、泰國和越南菜的餐廳Ripa

Lovely times

在半戶外的花園SPA，體驗令人憧憬的花瓣浴

私房典藏Point

僅有37間客房的私密感

被自然環抱的客房僅設有
37間。眼前的泳池和沙灘
只有住客，在此度過極度
私密的奢侈時光。

使用大理石和木材等自然建材
的舒適客房

傳統馬車
Kalesa

1

麥克坦島

種植園海灣度假村
Plantation Bay Resort & Spa

客房環繞著23000㎡的潟湖泳池，殖民地式風格設計的度假村飯店。客房中以能從陽台直接進入泳池的濱水房最受歡迎。

MAP 附錄P6B3 ⊗麥克坦國際機場車程45分 ⊕ Marigondon, Mactan Is. ☎032-505-9800 ⑤Pool Side Room US$197.12〜、Lagoon View US$234.08〜、家庭房 US$246.40〜、Water's Edge（濱水房）US$272.04〜等 客房數255間 URL https://plantationbay.com

主要設施和服務 戶外泳池（4）、兒童泳池、健身房、兒童遊樂場、網球場、商務中心、24小時客房服務、無線網路服務
餐廳&酒吧 PALERMO（義大利菜）、FIJI（亞洲、太平洋菜）、Savannah Grill & Lounge（速食）等
戶外活動 浮潛裝備280P／1小時、拖曳傘3500P〜／15分、香蕉船2000P／15分等

2

3

4

1：某些時段會有馬車行駛
2：從房間能直接進入泳池的濱水房
3：東方風SPA──Mogambo Springs→P59
4：裝潢設計俐落的大套房

私房典藏Point♥

無限寬敞的潟湖泳池

引進海水而建的潟湖泳池，設有瀑布、滑水道和湧泉等充滿樂趣的設施。

Spacious!

泳池和房間可說近在咫尺！

能在潟湖泳池
遊玩一整天！

純白的陽傘映照於
潟湖的波光之上

私房典藏Point♥

別具造型的酒吧

Ibiza Beach Club位於突出
在大海的木製甲板前端，以
DJ音樂為背景享受雞尾酒
和美食。

麥克坦島

宿霧麥克坦島
瑞享飯店

Mövenpick Hotel Mactan Island Cebu

面對海灘聳立的粉色雙子星大樓。全客房
皆附有露臺，從高樓層所眺望的景觀無與
倫比。瀰漫著有如地中海度假村般的爽朗
空氣。

MAP 附錄P6B2 ⊗麥克坦國際機場車程25分
⊕Punta Engano, Mactan Is. ☎032-492-
7777 ⊛Deluxe房8347P～、Premium
Ocean Front10347P～、單床大套房
11460P～等 客房數244間 URL https://www.
movenpick.com

🔒 ♨ 💆 💇 👫 ⛱ 🏖 👶 🛁 ☕

主要設施和服務 戶外泳池、兒童泳池、健身房、按
摩浴缸、商務中心、24小時客房服務、兒童遊樂
場、網球場、無線網路服務
餐廳&酒吧 Ibiza Beach Club（巴西&地中海菜）
→P62、The Sails（多國菜）、The Forum
（地中海菜）等
戶外活動 潛水2250P／1次、拖曳傘3000P～／10
分、日落遊船3500P／2小時

1：以西班牙的伊維薩島為概念設計 2：浮於海面上的Ibiza Beach Club→P62
3：高樓層大樓是周遭的地標 4：摩登時尚的單床大套房 5：舒適的Spa del Mar
6：在禮賓大廳品嘗香氣撲鼻的濃縮咖啡

南國的香氣
療癒人心♪

1

2

麥克坦島

深紅SPA度假酒店
Crimson Resort & Spa

從高處的飯店入口能隔著無邊界泳池見到水平線。以泳池為中心，周圍建設著Villa風的客房建築。低樓層的建築讓天空看起來無邊無際，是飯店的魅力所在。

MAP 附錄P6B2 ⊗麥克坦國際機場車程25分
⊕Seascapes Resort Town, Mactan Is. ☎
032-401-9999 ⊛Deluxe Garden 23000P
～、Private Pool Villa 40000P～、Beach
FrontPrivate Pool Villa44000P～等
客房數 290間 URL https://crimsonhotel.com

主要設施和服務 戶外泳池（2）、兒童泳池、健身房、兒童遊樂場、24小時客房服務、無線網路服務
餐廳&酒吧 SAFFRON CAFE（多國菜）、AZURE BEACH CLUB（亞洲菜）、Tempo（海鮮）等
戶外活動 滑水3113.05P／15分、水上摩托車3361.05P～／30分、風帆996P／30分

3

4

1：SPA使用的高級備品 2：綿延至水平線的泳池 3：簡單設計的Villa起居室 4：明亮摩登的Deluxe Garden 5：放眼望去一片風平浪靜的大海

私房典藏Point♥

大人專屬的海灘俱樂部

位於海灘的AZURE BEACH CLUB是提供多樣亞洲菜的搖滾酒吧&餐廳。最適合躺在沙發床上慵懶放鬆♪

5

Blue Lagoon

從泳池綿延到大海，
均衡對稱的空間美感

大型陽傘讓人
感到舒適

Splash

私房典藏Point♥

擁有豐富多樣的泳池

流動的泳池、起浪的泳池、以及3座滑水道等，堪比主題樂園般豐富的設施。無論男女老幼都能盡情享樂。

以5座泳池為舞台

盡情放肆玩樂吧！

1

找找看我
在哪吧～

2

麥克坦島

宿霧J公園島水上樂園度假村
Jpark Island Resort & Waterpark Cebu

在宿霧為客房數最多的大型度假村。廣大的佔地內設有5座泳池，攜家帶眷的家族旅客讓飯店熱鬧非凡。客房分為飯店棟和Villa區，皆為摩登時尚設計風格。

MAP附錄P6B3 ⊗麥克坦國際機場車程25分 ⊕M.L. Quezon Hightway,Brgy. Maribago Lapu-Lapu City. Mactan Is. ☎032-494-5100 ⊕Deluxe房11660P～、麥克坦大套房14045P～、Jacuzzi Villa 16430P～、Pool Villa17225P～等 客房數556間 URLwww.jparkislandresort.com

🔒❄🐾🩴👙⛰🛏SR🛁☕

主要設施和服務 戶外泳池（5）、兒童泳池、健身房、商務中心、兒童遊樂場、24小時客房服務、無線網路服務
餐廳&酒吧 Maru（韓國菜）、Ching Hai（中菜）、Coral Seaside（海鮮）等
戶外活動 拖曳傘6420P（2位）／15分、香蕉船2600P（3～5位）／15分、滑水2600P/15分

3

4

5

1：牢牢抓住孩童們的心，充滿遊興的游泳池 2：隨處可見特殊的裝飾品！
3：高級裝潢的中菜餐廳Ching Hai 4：沉穩氛圍的Cara Spa→P59
5：76㎡的麥克坦大套房

裝飾品也
時尚別緻！

1

麥克坦島

阿巴卡精品度假村
Abacá Boutique Resort

廣受好評的餐廳所開設的法式度假風格飯店。客房僅有9間，裝潢設計各異其趣。請在沉穩的裝潢空間內放鬆歇息。

MAP 附錄P6B1 ⊗麥克坦國際機場車程20分
⊕Punta Engaño Rd., Mactan Is.
☎032-495-3461 ㉓大套房15900P～、Villa
21900P～
客房數 9間 URL www.abacaresort.com

主要設施和服務 戶外泳池、健身房、兒童遊樂場、24小時客房服務、管家服務
餐廳&酒吧 Abaca Restaurant（地中海菜）→P53
戶外活動 拖曳傘6700P（2位）／15分、香蕉船3100P／15分、滑水5200P／30分、水上摩托車3800P／1小時

2

3

4

1：SPA入口所見的裝飾品
2：讓人聯想到峇里島寺院的
　　Abaca　SPA
3：時尚風格的大套房
4：襯托出食材魅力的地中海菜
5：優雅的黑磁磚游泳池

私房典藏Point♥

傳說中的美味餐廳

在能俯瞰大海的Abaca
Restaurant，可品嘗到擺盤
豪邁、風味精緻的地中海
菜。

5

Elegant

在俐落設計的空間中放鬆休息，
大人專屬的度假村

在游泳池畔
享受悠閒午覺♪

私房典藏Point♥

能散步至無人島

浮現於大海上名為Alegrado
的島嶼是天然的防波堤，眼
前的碧海風平浪靜。退潮時
能步行上島。

海藍色的舒暢泳池

以自然風格度過的
休閒氛圍是魅力之處

甜點再飽
也吃得下♪

1

2

麥克坦島

藍水邁瑞柏高海灘度假村

Maribago Bluewater Beach Resort

位於度假村飯店聚集的邁瑞柏高地區。面
對平穩海灣的沙灘，設置著茅草頂的陽
傘，住客悠閒地在此度假。客房為自然風
格設計的舒適房間。

MAP 附錄P6B2 ⊗麥克坦國際機場車程25分
⊕Maribago, Buyong Lapu-Lapu City,
Mactan Is. ☎032-492-0128 ⊕Deluxe房
9000P～、Amuma Spa 大套房10000P～、
Premium Deluxe 12000P～、Royal
Bungalow 20000P～等 客房數 185間
URL www.bluewatermaribago.com.ph

主要設施和服務 戶外泳池（3）、兒童泳池、健身
房、兒童遊樂場、24小時客房服務、無線網路服
務
餐廳&酒吧 allegro（多國菜）、The Cove（海
鮮）、Molto Joli（義大利菜）、Oyster Bar &
Cove（生蠔吧）等
戶外活動 浮潛裝備250P～／1日、海上獨木舟
800P～／1小時、雙體船1500P／1小時

3

4

5

1：以泳池為中心，周邊設有迎賓櫃台和SPA等設施
2：從前菜、主菜到甜點等完整表現出主廚的品質堅持
3：帶有閑靜感的私密海灘
4：擁有20間的Premium Deluxe
5：配備有5間服務房的Amuma Spa

別具特色的休閒風度假村
—— Casual Resort ——

在宿霧也有能享受海灘、CP質高的度假村飯店。
最推薦給欲享受度假村氣氛，而且徹底放鬆休閒地度過假期的讀者！

圓錐形的Villa林立
的特殊設計

重點看過來！
幾乎位於麥克坦島的最南端，周圍安詳寧靜。能沉浸於無與倫比的隱私空間。

1：舒適的泳池 2：Villa以優雅的曲線為特徵 3：Grand Villa內並置了2張皇后尺寸的大床 4：迎賓棟也是別具特色的設計

> 麥克坦島

科爾多瓦珊瑚礁度假村
Cordova Reef Village Resort

隱世小屋般的度假村飯店，位於麥克坦島南部的科爾多瓦地區。熱帶植物茂盛的花園林立著擁有圓錐形屋頂的獨立棟Villa。勾勒和緩曲線的室內牆壁令人印象深刻。

MAP 附錄P6A4 ⊗麥克坦國際機場車程50分 ⊕Cordova, Mactan Is. ☎032-238-1878 ⊛Deluxe Pool Side Villa 6888P～、Deluxe Garden Villa 7448P～、Deluxe Ocean Villa 7448P～等 客房數 50間 URL www.cordovareef.com

主要設施和服務 戶外泳池、兒童泳池、健身房、SPA、24小時客房服務
餐廳&酒吧 Mal Bantayan（多國菜）、Abutanan Bar（酒吧）

> 麥克坦島

奧左拉海濱馬丹度假屋
Aozora Seaside Mactan

能悠閒享受大海美景的小型度假村

面對平穩大海的度假村飯店。客房僅有17間，能選擇入住別墅風格的Villa，或是能見到海的飯店型客房。即使不是住客也能付費使用飯店設施。

MAP 附錄P6B1 ⊗麥克坦國際機場車程15分 ⊕Punta Engaño Rd., Lapu-Lapu City, Mactan Is. ☎032-564-2171 ⊛標準雙床房4000P～、Deluxe房 4500P～等 客房數 17間 URL www.cebu-nikka.jp

主要設施和服務 戶外泳池（4）、按摩浴缸、無線網路服務
餐廳&酒吧 Aozora Seaside Restaurant（菲律賓菜）→P53

重點看過來！
能欣賞到海的主泳池、附按摩浴缸的泳池等，各有特色的4座泳池！

1：無邊界的大型游泳池
2：設計俐落的Deluxe房

在自然風格中放鬆歇息
的天然系度假村

重點看過來！

從2層樓的飯店樓到Villa等
客房的選擇豐富多樣。也有
適合全家住宿的寬敞房型。

1：客房為裝飾品較少的簡單造型
2：客房樓環繞於泳池四周

宿霧太平洋度假村
Pacific Cebu Resort

面對長226m沙灘的自然風格度假村。客房分為飯店樓
和Villa，皆為低樓層且開放式的空間。

MAP 附錄P6B3 ✕麥克坦國際機場車程40分
⊕Subabasbas,Lapu-Lapu City,Mactan Is. ☎032-
495-6608 ㊎標準房5200P～、高級房6000P～等
客房數 134間 URL www.pacificccebu-resort.com/ja

主要設施和服務 戶外泳池（4）、兒童泳池、健身房、SPA、商
務中心、兒童遊樂場、24小時客房服務、無線網路服務
餐廳&酒吧 LA TERRAZA（多國菜）、SUNKEN POOL BAR
（酒吧）

哥斯達貝拉熱帶海灘飯店
Costabella Tropical Beach Hotel

因沙灘的美而遠近馳名的老字號飯店。被椰子樹環繞的
花園內是客房大樓，帶有南國熱帶的氛圍。

MAP 附錄P6B2 ✕麥克坦國際機場車程25分 ⊕Buyong,
Mactan Is. ☎032-238-2700 ㊎高級房10000P～、
Deluxe Pool Side 11000P～、Sea View Suite
16000P～等 客房數 156間 URL www.costabellaresort.
com

主要設施和服務 戶外泳池、SPA、兒童遊樂場、無線網路服務
餐廳&酒吧 La Marina（多國菜）、Brisa（亞洲、太平洋菜）、
Luna（西班牙小菜 & 酒吧）

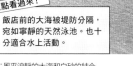

在優美海灘享受
水上活動假期！

重點看過來！

飯店前的大海被堤防分隔，
宛如寧靜的天然泳池。也十
分適合水上活動。

1：風平浪靜的大海和白砂的結合
2：熱帶植物豐富，自然感絕佳
3：寬敞舒適的大套房

回鍋入住的客人眾多
舒適易居是魅力所在

重點看過來！

附設的浮潛服務中心「Blue
Coral」是由日本人經營。
能安心進行浮潛活動♪

1：頂級裝潢的高級房
2：潟湖型的泳池舒適快活

宿霧白沙SPA度假村
Cebu White Sands Resort & Spa

以熱帶植物環繞的泳池為中心，客房樓並排的小巧袖珍
飯店。客房為雅致的咖啡色系裝潢。

MAP 附錄P6B2 ✕麥克坦國際機場車程25分
⊕Maribago, Mactan Is. ☎032-268-9000 ㊎Deluxe
房8500P～、Grand Deluxe 9000P～、高級房
11500P～等 客房數 86間 URL whitesands.com.ph

主要設施和服務 戶外泳池（2）、兒童泳池、SPA、按摩浴缸、
托嬰服務、商務中心、無線網路服務
餐廳&酒吧 PATIO GAVINO（多國菜）、BUENAVISTA（菲
律賓菜）

白砂和碧海療癒人心的奢侈之旅

在島嶼野餐
徹底享受宿霧的大海！

若是想完整體驗菲律賓的美麗大海，
巡遊好幾座島嶼的跳島行程最為推薦。
在純白沙灘點綴的島嶼，享受浮潛的樂趣、
或是單純地放空休閒，度過奢侈的假期時光。

麥克坦島

奧蘭戈島

Panganan島

希魯東根島

娜魯萱島

TOUR DATA

島嶼野餐

搭乘雙體螃蟹船環遊麥克坦島海灣上2座小島的熱門行程。行程包含在島上的BBQ午餐，悠閒享受南國的氣氛吧。

所需時間 6小時。9時出發（含飯店接送服務）
$ US$80～（包含BBQ午餐，面罩、蛙鞋、浮潛用具租賃，以及麥克坦島內的接送服務）、2人以上成行
PTN Travel→P.65

體會海洋樂趣的3大重點

Point 1 頻繁擦抹防曬乳液是非常重要的事。不要漏掉背後和小腿肚了。

Point 2 搭船移動時有可能會被水花濺到。照相機和手機記得放置於防水袋中。

Point 3 出發前禁止飲酒！若喝了酒則無法進行浮潛活動。

島嶼巡遊 1day trip

乘船探險位於海洋保護區的小島群！
光是沉潛於透明藍海中就很幸福～。

清澈的大海中有著數不盡的魚群！

Yeah!

🕘 **09:30**

從麥克坦島乘船出發

搭乘螃蟹船啟程出發！麥克坦海灣是相對來說較為平穩的海域。為避免著涼建議攜帶防風衣前往。

Cheese

景緻優美的船首是特等座☆

🕙 **10:00**

在希魯東根島進行浮潛

希魯東根島的周圍被指定為海洋保護區，有無數的色彩繽紛熱帶魚巡遊其中，堪稱樂園！

上：雀鯛的魚類同伴。一整群靠近過來充滿魄力！
右：能從棧橋餵食在海中悠游的魚群

搭乘安穩的
螃蟹船啟程出海！

宿霧出發中
最受歡迎的行程♪

island hopping♪

⏱11:30

移動前往**娜魯萱島**
享用**BBQ午餐**♪

享用以炭火燒烤多汁肉串和生猛海鮮的
BBQ午餐。吃不完的成熟美味水果讓
人大大滿足！吃到肚皮鼓鼓吧。

娜魯萱島是僅有
1座度假村飯店
的小島

甘甜調味是
菲律賓的風格

乘坐菲律賓傳統螃蟹船。特徵為
船身不易搖晃

⏱12:30

自由活動時間就以
美景為背景拍照留念

只需10分就能環島一圈的小
島，卻有無數個適合拍美照的景
點。四處走動找尋喜愛的拍照處
吧。

無論在何處拍照
都美得如畫

\\Photogenic!/

用人魚扇貝讓自己也化身為
美人魚吧♪

⏱13:30

從**娜魯萱島**出發

搭船抵達麥克坦島約30分。
從港口會派車送旅客回各自的
飯店（限麥克坦島內。宿霧市
區需另付費）。

和色彩繽紛的魚群喜相逢

潛水體驗
遊覽海中

宿霧的大海擁有在亞洲屈指可數的高透明度，
挑戰第一次的潛水體驗吧！
潛水體驗有潛水教練全程指導
陪同悠游海底世界，
所以能安心進行♪

這些是潛水時所使用的器材！

面罩
在水中也能保有清
晰的視野。也別忘
了防霧劑。

呼吸管
靠近水面就能呼吸的
彎管。

潛水服
保護身體及保溫的衣
服。

BC夾克
能排出或填充內部的空
氣以調節浮力。

潛水儀表
能確認水深和剩餘空
氣的儀器。

呼吸調節器
將氣瓶內的高壓空氣轉化
成適合呼吸的狀態。

蛙鞋
獲得水中推進力的必備
用品。

由於透明度高所以在
海水中也顯得明亮♪

體會潛水樂趣的 3大重點

Point 1
為了降低罹患潛水夫病的
風險，所以和搭乘飛機的
時間需間隔24小時。

Point 2
為了防止肺部過度膨脹，
所以潛水途中需要持續呼
吸。

Point 3
在海中的規則為2人1
組。潛水體驗時就和教練
一同行動吧！

能見到就太幸運了！
宿霧大海裏的偶像們

公子小丑魚
稀有度★
將海葵當作住家，
可愛的人氣偶像。

燕魚
稀有度★
特徵是魚身扁平，
和人臉差不多大
小。

珍鰺
稀有度★★
大型魚類，出沒於
潮水拍打的斷崖等
處。

金梭魚
稀有度★★
是細長的梭子魚之
同類，在海洋中層
像做出漩渦般地群
游。

六帶鰺
稀有度★★
多的時候可見數百
隻的魚群如球狀群
游。

魟魚
稀有度★★★
正式名稱為鬼蝠
魟。悠哉的游姿十
分優雅。

STEP 1 學習**潛水的基本知識**

藉由觀看影像和圖片，預習講習的流程和水中的注意事項。事先了解各種器材的功用吧。

STEP 2 首先**在游泳池練習！**

首先在沒有波浪的泳池，練習器材的使用方法。保持平常心，試著習慣在水中呼吸吧。

仔細觀察
教練的動作

STEP 3 乘船**前往潛水處**

即使是潛水體驗有時也會搭船移動。選擇魚影較濃的地方下海潛水吧。

STEP 4 開始**在大海中潛水體驗**

手持繩索緩緩地潛降。由於海水透明度高所以不會感到壓力，令人安心。

大膽地
跳水入海！

以捏鼻閉口的狀態
緩慢地向下潛水吧

Jump!

STEP 5 海中世界**宛若龍宮☆**

享受浮游感的同時，觀察珊瑚和魚群。教練會從旁協助，所以放鬆即可！

Tropical

TOUR DATA

麥克坦島周邊雙船潛水體驗

一般的潛水體驗只會在海灘進行，但在宿霧可乘船出海，潛水體驗的選擇也豐富多樣。麥克坦島周圍的海洋平穩，最適合初學者。

MAP 附錄P6B2 所需時間 4小時
💰6700P～、2人以上成行
🏠Blue Coral
🚩田宿霧白沙SPA度假村
（→P33）內 ☎032-495-8063
🕐8～17時（週六為～13時）休無
URL bluecoral.jp
英

moalboal white beach

蓬鬆柔軟的粉狀沙粒讓人心情舒爽

在墨寶的純白沙灘慵懶放鬆

墨寶受惠於優美大海，是受到潛水愛好者歡迎的區域。未經人工雕琢的純白沙灘是絕佳的拍照打卡地點。位於距離宿霧市區3小時車程之處，包車前往最為方便。

墨寶的度假之道 1

在純白沙灘悠閒放空

純白沙灘是綿延於宿霧西南部的墨寶之主要沙灘。一如其名是純白無瑕的沙灘，能在恬靜的氛圍中悠閒度假。

墨寶純白沙灘
Moalboal White Beach
MAP 附錄P3A3
⊗宿霧市區Osmeña Circle車程3小時

墨寶的度假之道 2

在熱帶魚天堂進行浮潛

墨寶的魚群蹤影密集度在菲律賓可說是數一數二。驅船稍微出海，就是水深10～15m的珊瑚礁群。色彩繽紛的魚群環繞四周！可在飯店或潛水店報名參加浮潛。

光是在極度透明的大海漂浮就讓人通體舒暢

墨寶的度假之道 3

高品質的潛水體驗

墨寶因潛水愛好者而發展蓬勃，在此絕對要挑戰的就是潛水！若是參加潛水體驗的話，即使沒有證照也能藉此接觸到海洋世界。可在飯店或潛水店報名參加。

PARADISE!

徹底熟悉墨寶海域的教練會進行導覽

大型海綿動物附近聚集著魚群

在墨寶的注意事項

乘車移動時也感到舒適！

在約3小時的乘車移動中，為避免因冷氣受寒，請事先準備外套。會暈車的人也別忘了服用暈車藥。

確實做好防曬的措施

在海灘時會直接曝曬於強烈的紫外線之下。即使只是陽光反射也會造成曬傷，所以請事先準備好帽子、陽傘和防曬乳液。

飲酒後絕對禁止下海游泳

眾多氣氛良好的餐廳和酒吧會讓人想小酌幾杯，但飲酒後絕對禁止入海游水！

在椰子樹蔭下休憩歇息

夕陽美得無可比擬

利用附駕的包車服務前往墨寶

雖然從宿霧市區也有公車前往，但更推薦自由度較高的附駕包車服務。和會說英文的導遊相互討論，以最佳的路線暢玩墨寶吧。 所需時間 12小時 金US$365（1〜2位。含導遊及包車服務）Travel→P65 英 網PTN

〈墨寶的度假之道4〉

在海濱享用**爽口午餐**

海灘周圍有著許多餐廳和咖啡廳。尋找能欣賞到大海的特等座位，享用優雅的午餐。請注意飲酒過後就不要入海游泳了。

店內吹拂著舒適的海風，空間寬敞開放

這裡最為推薦！

Lantaw Restaurant

眺望Panagsama海灘的同時品嘗東南亞風味菜色。除了菲律賓菜色外，還提供亞洲各國的不同菜色。位於潛水店的2樓，景色得天獨厚！ MAP 附錄P3A3 ⊗Osmeña Circle 車程4小時 ⊕Panagsama Beach, Moalboal, Cebu ☎ 0915-278-5388 時7時30分〜22時 休無 英 英

品嘗鮮蝦咖哩220P（前）和印尼炒飯（左後方）等菜色體會南國氣氛！

完整享受極度透明的大海

徹底玩透
海洋水上活動！

在麥克坦島的度假區域，以綠松色的大海為舞台
暢玩各式各樣的海洋活動。除了能在各度假村飯店報名參加外，
也能向右方所列的公司報名。

在此報名參加各項水上活動

麥克坦島

A Aquamarine Ocean Tours
MAP附錄P6B2 ⊗Osmeña Circle車程約1小時20分 ⊕ C/O Tamburi Seaside Residence, Byong Maribago, Lapu-Lapu City, Mactan Is. ☎032-495-8228
英 URL www.aquamarineoceantours.com

麥克坦島

B Scotty's Action Sports Network
MAP附錄P6B2 ⊗Osmeña Circle車程約1小時15分 ⊕H香格里拉麥丹島度假酒店 (→P23)內 ☎032-231-5061
英 URL https://jp.divescotty.com

A **B**

難易度
體力 ← → 預算
美景度

• 拖曳傘

3000P/10分～（標準）

受快艇牽引，在超過20m的高度欣賞周遭景色。能一次體驗到刺激感、浮游感和暢快感。也能2人同時進行體驗。

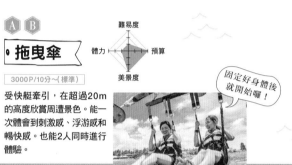

固定好身體後就開始囉！

由於能2人同時乘坐，所以可和朋友共享暢快感與刺激感

將優美大海和島嶼一覽無遺

spectacular sky view!

輕飄飄的空中散步讓人通體舒暢～

海底漫步

難易度／體力／預算／美景度

`2000P/45分～（標準）`

戴上透明頭罩在海底散步。空氣會從陸地送進頭罩內。臉和頭髮不會弄濕，即使是不會游泳的人也能進行體驗。

> 熱帶魚前仆後繼地靠近過來！

左：手抓繩索緩緩地散步
下：即使戴著眼鏡或隱形眼鏡也沒問題

> 在海底散步的不可思議體驗

海上獨木舟

難易度／體力／預算／美景度

`700P/30分～（標準）`

不使用動力引擎，僅用船槳划動，在海面前進的環保型水上活動。貼近海面，波浪和划槳聲療癒人心。

若想筆直前進就需要前後兩位分工合作。調整呼吸互相配合！

> 將划槳技術練到嫻熟～！

> 划槳聲療癒人心的省能環保戶外活動

香蕉船

難易度／體力／預算／美景度

`1000P/30分～（標準）`

跨坐在香蕉形狀的橡膠船上，被快艇牽引前進的經典水上活動。究竟能否撐過激烈的駕駛技術，留在船上直到最後不落水嗎！？

最大的魅力之處是能團體多人一同遊玩

> 和好友一同享受暢快舒適感

> 保持平衡擺好姿勢笑一個～

浮潛

`2700P/3小時( 含乘船行程的標準)`

難易度／體力／預算／美景度

透過浮潛能讓任何人都簡單地親近大海的世界。僅僅是漂浮於海面，便能見到魚群來往如梭，令人讚嘆感動！

1：在透明程度高的大海，從海面就能欣賞到大量魚群
2：搭船前往能見到樹枝狀珊瑚群的地點

> 快來和我們公子小丑魚見面吧！

> 在珊瑚大海中和魚群悠游

亞洲和歐洲彼此邂逅的異文化交融城鎮

用半天遊逛！
宿霧市區漫步

宿霧市為菲律賓最古老的城市，是座富有歷史的建築物和大樓建築交雜的朝氣蓬勃城市。要能享受參觀傳統建築和購物的樂趣，參加行程是更有效率的遊逛方式！

TOUR DATA

宿霧市區行程

能以有效率的方式遊逛分布於廣泛範圍內的景點。行程中也會前往菲律賓菜餐廳和購物中心。

所需時間 6小時。8時30分出發（含飯店接送）
金US$60（含設施入場費、午餐、接送服務），2人以上成行 ☞PTN Travel→P65

START

🕗8:30
從飯店出發

車程30分

獻上線香吧！

🕘9:30
麥哲倫所建的巨大十字架

麥哲倫十字架
Magellan's Cross

據說為環繞世界一圈的裴迪南·麥哲倫，於1521年登陸宿霧時所建的木製十字架。目前被供奉於八角堂內。

MAP 附錄P4B3 ⊗Osmeña Circle 車程20分 ⊕Magalianes St. 休無 金免費

上：八角堂的天花板上描繪著宿霧國王和臣子的洗禮場景
下：來訪的觀光客絡繹不絕

步行1分

🕘9:45
祭祀奇蹟聖像的宿霧守護教堂

聖嬰聖殿
Santo Niño Church

創建於1565年。現在的教堂為1740年重建的建築。裏頭供奉著麥哲倫贈送宿霧女王的聖嬰（幼年的基督）雕像。

上：中央祭壇的後方裝飾著聖人像
右：1月的第3個週日會舉辦儀式慶典

MAP 附錄P4B3 ⊗Osmeña Circle 車程20分 ⊕Osmena Blvd. ☎032-255-6697 ㈩5時30分～19時（週五～週日為4～20時）休無 金免費

🕙10:00
能俯瞰港口，過往的軍事據點

車程5分

聖佩德羅堡
Fort San Pedro

建造於西班牙統治時代，為菲律賓最古老的軍事堡壘。建築呈三角形兩面向海，一面向著陸地。1738年由珊瑚石堆砌而形成現在的面貌。

MAP 附錄P4B4 ⊗Osmeña Circle 車程20分 ⊕Gen. D. MacAethur Blvd. ☎032-256-2284 ㈩8～23時 休博物館為週日休 金30P

上：中庭有著遺留下來的大砲
左：也曾作為美軍軍營和日軍的俘虜收容所

Praying

Lighthouse

道教寺院

🕙10:30

在宿霧市的市場遇見居民們的自然面貌

卡邦市場
Carbon Market

宿霧市區歷史最悠久、規模也最大的市場。名稱由來為這裡曾做過木炭（carbon）的交易買賣。參加行程則是由車窗欣賞。

MAP 附錄P4A4 ⊗ Osmeña Circle車程20分 ⊕Quezon Blvd. ⊕清晨～日落 ⊕無

販售從食品、服飾到日常用品等任何想得到的東西

早晚特別熱鬧！

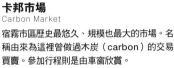

Jama Ave.

Gorordo Ave.

Cebu North Rd.

Cuenco Ave.

SM City Cebu

Osmeña Blvd.

Rosario St.

聖嬰聖殿

麥哲倫十字架

聖佩德羅堡

卡邦市場

Market!

車程20分

🕚11:00

能將宿霧市區一覽無遺的色彩繽紛中國寺院

道教寺院
Taoist Temple

位於西北邊高級住宅區──比佛利大廈群一隅的寺院。紅色和綠色塗裝的建築內部保存著中國思想家老子的教義。

MAP 附錄P4A1 ⊗ Osmeña Circle車程20分 ⊕Beverly Hills ⊕7～17時 ⊕無 ⊕免費

🕛12:00

菲律賓菜一字排開

午餐時光

連續欣賞歷史景點之後，便是享用菲律賓菜午餐的時間。由在地旅行社所挑選的餐廳，品質絕對有保證♪本行程所前往的是在當地也很受歡迎的Lighthouse。

右上：桌上擺放著香蘭葉烤雞肉等傳統菜
右：在寬敞的店內有時有音樂演奏

車程15分

Colorful

上：仿造萬里長城的城牆
右：登上樓梯後是能將宿霧市區一覽無遺的瞭望台

車程10分

上：有眾多販售哈囉哈囉冰等甜點的店
右：此次前往的是SM City Cebu →P69

🕐13:00

刺激購物的慾望

享受購物

在當地客絡繹不絕的購物中心享受購物樂趣。這裡還有超市，所以適合在此購買回國贈送的伴手禮！

車程25分

GOAL

🕒15:00

抵達飯店

還能享用到
成熟美味的
熱帶水果！

在船上欣賞壯觀屏息的夕陽♡

搭乘夕陽遊船
度過羅曼蒂克Time

搭乘螃蟹船沿著麥克坦島的海岸線南下。
參加優雅的遊船行程，
啜飲葡萄酒的同時眺望絕美的夕陽吧。
回程時還能見到滿天璀璨的星斗。

TOUR DATA

夕陽遊船

前往麥克坦島南部欣賞夕陽的優雅行程。還能從大海眺
望建設於麥克坦島東海岸的度假村飯店。除了優美的夕
陽外，繁星閃耀的夜空更如夢似幻。

所需時間 4小時(船上約2小時)
金 3500P (包含葡萄酒、無酒精飲料、水果、零嘴、麥克坦島
內的接送服務)
卿 Scotty's Action Sports Network→P40
英 預 日、英文對應

🕐 **18:00**
欣賞夕陽

在南下約40分處迎
接日落時分。欣賞
緩慢下沉的夕陽，
在船首處細細咀嚼
幸福滋味♪

參加看看遊船行程！

在朝夕陽航行的船艇上悠閒度過的奢侈時光。
被夕陽鮮豔熾烈的光線所環繞，進行一趟永留回憶的奇妙旅程。

在船上要仔細聆聽
注意事項喔！

🕐 **16:00**
專車前往
飯店迎接

麥克坦島內的接送服
務為免費。會依照順
序至各飯店迎接旅
客。請事先確認在飯
店大廳的集合時間。

🕐 **17:00**
從香格里拉麥丹
島度假酒店
(→P23)的
棧橋出發

沿著簡單搭建的扶手登
上螃蟹船。工作人員會
從旁協助所以敬請放
心。

私人物品存放於
防水袋中！

以逐漸西沉的夕陽為背景，度過優雅的時光！

在夕陽完全西沉前，先用美味的葡萄酒舉杯暢飲！心情也隨之興奮高昂♪

鮮豔耀眼的日落景色！

fantastic sunset!

帶件外套就不怕受寒♪

太陽落入大海前的魔幻時刻不容錯過。天空繁星漸現，宣告夜晚到來

天空的顏色會由鮮豔奪目的橘色變化為沉靜的藍色。坐於甲板感受海風，欣賞美景吧

大家的好運氣帶來好天氣♪

愉快的遊船之旅中不可或缺的熱情工作人員

🕐 **19:00**

抵達棧橋

回到棧橋約需1小時。在星空下悠閒享受夜晚遊船。

🕐 **20:00**

返回飯店

回程也是由工作人員依順序送回住宿飯店。

配合行程和預算做出選擇 ／／ 這裡的行程也值得推薦

Aqua Dive

配合日落的2小時短程遊船。由於能在18時30分回到飯店，所以還能享受到夜生活的樂趣。若是麥克坦島內不僅能送回飯店，還可以直接送到餐廳下車。所需時間2小時（船上約1小時）⊛US$36（包含無酒精飲料、麥克坦島內的接送服務）⑭PTN Travel→P65 英 預

K.S.B Travel

大型遊艇舉辦的夕陽遊船。包含啤酒和葡萄酒喝到飽的BBQ晚餐。所需時間4小時（船上約2小時）⊛3000P（包含啤酒和葡萄酒喝到飽的BBQ晚餐、麥克坦島內的接送服務）MAP附錄P4B2 ☎ 0917-321-9297 URL ksb-travel.com 英 預 日

45

6～18樓是東橫INN飯店！

在地可愛風vs高質感品牌
別具特色的購物中心

宿霧的購物中心有當地居民愛用的品牌、或是高品味的名牌等，各具特色的商品。通常也會附設超市和餐廳，十分方便！

曼達維　購物中心
J Center Mall

當地色彩濃厚的3層樓購物中心。除了集結菲律賓品牌店鋪和咖啡廳外，每季更新的品牌快閃店也豐富多樣。

MAP 附錄P5C1 ⊗ Osmeña Circle 車程35分
⊕ V. Albano, Mandaue City
☎ 032-266-8888
⊕ 10～21時 ㉮無 英

攻略重點！
擁有豐富的菲律賓飾品牌，推薦在此找尋自用的伴手禮。邊走邊逛，物色自己喜愛的店鋪吧。

菲律賓在地品牌Check！

2F
鞋品
Confit
菲律賓女性愛穿的鞋子品牌

在菲律賓越來越受歡迎的女鞋專賣店。店內販售舒適好穿的涼鞋和高跟鞋。
☎ 032-260-0939 ⊕ 10～21時 ㉮無 英

2

1：鞋頭皮帶讓人印象深刻的平底涼鞋999P
2：仙人掌圖案讓人驚豔的沙灘涼鞋99.75P

2F
流行服飾
Bench
經典款休閒品牌

在菲律賓全國開設超過140間店鋪的快時尚品牌。販售T恤、牛仔褲和泳裝等簡單設計的商品。☎ 032-260-2712 ⊕ 10～21時 ㉮無 英

1
2

1：圖案設計的男用T恤399.75P
2：領口衣褶是可愛花朵刺繡的短版上衣799.75P

2F
流行服飾
The Look
能自由輕鬆選購的選貨店

販售以菲律賓品牌為主的國內外服飾選貨店。大多為價格低廉的商品，連身洋裝和女用襯衫平均為600P左右。☎ 032-421-1545 ⊕ 10～21時 ㉮無

2

1：適合在度假村穿的東方風設計連身洋裝350P
2：經典款設計，露出香肩的長袖上衣599.75P

想買些送人的小禮品，來這準沒錯！

B1
超市
SM Hyper Market

宿霧內擁有最多店鋪的超市。在這裡能買到芒果乾、餅乾和香辛料等商品。肥皂和美妝品等品項也豐富多元。☎ 032-520-3371 ⊕ 10～21時 ㉮無 英

4F還設有花園♪

攻略重點！
館內空間十分寬敞，善用服務中心或館內地圖，有效率地遊逛吧。來找尋南國風的高品質伴手禮吧。

宿霧市區　購物中心

Ayala Center Cebu

空間挑高寬敞，4層樓的巨大購物中心。除了有眾多高水準的名牌雲集外，還集結了百貨公司和電影院等各式各樣的設施，逛一整天都不會膩。

MAP附錄P4B2　⊗Osmeña Circle車程15分　⊕Cardinal Rosales Ave., Cebu City　☎032-888-3777　⊕10～21時(週五、六～22時)　休無　英

尋找南國風設計商品吧

1

2

3F　食品·化妝品

Healthy Options

追求健康的有機商品

販售蔬菜、飲品和咖啡等有機商品的店鋪。也有選擇豐富的護手霜和營養食品，最適合在此尋找具特色的伴手禮。
☎032-233-5510　⊕10～21時(週五、六為～22時)　休無　英

1：添加椰子油的護唇膏165P
2：飄散蘭花香氣，Nature's Gate的護手霜275P

2F　流行服飾

Sunny Side Up

華麗風格的度假村服飾

除了色彩鮮艷的泳裝外，還販售豐富多元的藤編包包和草帽等，能在沙灘派上用場的商品。還能找到穿上泳裝外的連身洋裝。☎032-415-8224　⊕10～21時(週五、六為～22時)　休無　英

1：最適合沙灘！帽沿較寬的草帽200～800P
2：南國風的華麗泳裝800P

購物逛累的話就來這裡！

4F　菲律賓菜

Golden Cowrie Filipino Kitchen

休閒風的菲律賓菜餐廳。用100～200P的價格，就能吃到菲律賓道地的滋味。甜點選擇也多元，可作為咖啡廳來訪。☎032-343-4893　⊕10～21時45分(週六、日為～22時45分)　休無　英　英

2F　書店

National Book Store

也買些獨特的文具送給自己吧

菲律賓全國的連鎖書店，也販售豐富多樣的雜貨和文具。此店鋪的賣場一半左右皆販售文具。添購些色彩繽紛的文具吧！
☎032-231-4006　⊕10～21時(週五六～22時)　休無　英

1：色彩繽紛的筆記本99P(左)、14.75P(右)
2：價格低廉的紙膠帶7.75P

※刊載內容為2018年3月時的資訊

分送親朋好友，或是贈送予心中最重要的人♡

菲律賓原產雜貨大搜索♪

除了價格公道的小物外，流行時尚的設計風雜貨也應有盡有。
著眼於帶有菲律賓南國風的材質、配色和設計，來精心挑選吧。

※刊載內容為2018年3月時的資訊

採買帶有菲律賓風格的商品！

宿霧市區 雜貨

Kultura

菲律賓伴手禮的代表店鋪

除了使用馬尼拉麻和香蘭製作的工藝品外，還有有機化妝品、餅乾糖果和T恤等豐富多樣的菲律賓製商品。請將焦點擺於發揮原料優點製作的商品！

MAP 附錄P4B2 ⊗Osmeña Circle車程15分 ⊕Upper Grand Floor, SM City Cebu, North Reclamation Area, Mabolo, Cebu City ☎032-236-1083 ⏰10～21時 （週五、六～22時）㊡無 ㊛

剛好適合作為放便當的袋子♪

199.75P

2499.75P

用香蘭葉和椰子纖維編織成的藤編包包

使用麻蕉（馬尼拉麻）編織的小包包

799.75P

皮製涼鞋。鞋底是橡膠材質，有止滑效果

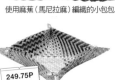
249.75P
使用香蘭葉製作的籃子。解開鈕扣就會變成墊子！

COCO Licious
ALL-NATURAL VIRGIN COCONUT OIL

199.75P

不僅能塗抹皮膚，還能使用於料理的初榨椰子油

帶有清爽的香氣～

SMOOTH

1599.75P

有收納盒的杯墊，使用被稱為nito的植物藤蔓編織而成

共有6張杯墊在內！

119.75P

GUGO Shampoo Bar with Aloe Vera
Net Wt. 120g (4.23 oz.)

添加蘆薈精華的保濕洗髮皂

使用椰子的近親——Buri棕櫚樹纖維所製作的手提包

499.75P

// EXCELLENT \\

在攤販購買超便宜的雜貨！

麥哲倫十字架步行約2分的Prince City Hall，1樓有著眾多攤販營業。T恤100P～、手環10P～等令人驚愕的破盤價，最適合大量採買！

MAP 附錄P4B4 ⊗ Osmeña Circle 車程 15 分 ⊕ Price City Hall, P. Burgos St., Cebu City ☎無 ⏰8時～19時30分左右 ㊡無 ㊛

趁天色尚明亮時來逛吧！

沙灘涼鞋造型的磁鐵 35P

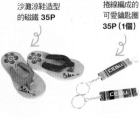

捲線編成的可愛鑰匙圈 35P（1個）

以魚為造型的皮製錢包 60P

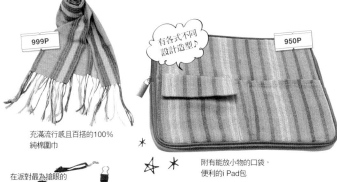

宿霧市區 | 流行服飾・雜貨

Anthill Fabric Gallery

高品質的流行雜貨

使用菲律賓少數民族所編織的布匹，孕育而出的摩登服飾和小物。除了販售連身洋裝和外套之外，鴨舌帽、包包和飾品等小物商品也一應俱全。

MAP 附錄P4B2 ⊗ Osmeña Circle 車程8分 ⊕ Pedro Calomarde St., Corner Acacia St., Gorordo Ave., Lahug, Cebu City ☎ 032-505-4175 時9～18時 休週日 英

999P

充滿流行感且百搭的100%純棉圍巾

有各式不同設計造型♪

950P

附有能放小物的口袋，便利的i Pad包

在派對最為搶眼的休閒風蝴蝶結

649P

FASHIONABLE

275P

能讓行李變得與眾不同的鮮豔配色行李吊牌

anthill

1299P

鴨舌帽，前面是類似裂織的材質

流行指數上升！

麥克坦島 | 流行服飾・雜貨

Island Souvenirs

T恤的種類豐富多樣

店內的展示櫃架上擺放著五顏六色的T恤，宛如藝廊一般。T恤能印上自己的名字（白色300P、黑色400P）。也能找到鑰匙圈等雜貨。

MAP 附錄P6A2 ⊗ Osmeña Circle 車程31分 ⊕ Marina Mall Cebu, Lapu-Lapu City, Mactan Is. ☎ 032-341-4731 時8～21時 休無 英

在歐斯陸大受歡迎的鯨鯊化身為鑰匙圈

299P

249.75P

不要吃我～！

表現出食物鏈（？）深奧題材的童裝T恤

為了抵抗紫外線，最推薦在旅行開始時就先買好

329P

CUTE!

100P

能輕鬆採買來送禮的價格☆

宿霧作為吉他利與克麗麗的生產地而聞名

附木製吉普尼的可愛鑰匙圈

129.75P

可能會找到出人意料的好物！

在超市採買物美價廉的伴手禮！

若是想添購經濟實惠又帶有菲律賓特色的伴手禮，不妨前往超市看看吧。
同時能見到採買食品或日常用品的當地居民。

當地零食餅乾

略帶甜味的零嘴

經典！

A OTAP 76P
宿霧特產的點心派。酥脆的口感是魅力所在

C Cracker Nuts
15.50P
花生外包米菓的懷舊零嘴

B 椰子脆片
149P
含椰子糖的無麩質脆片

B 香蕉脆片
39.75P
JOVY'S的香蕉脆片，在菲律賓當地大受歡迎

A 雞蛋餅乾
57P
味道樸素，能安心享用的餅乾

水果乾

經典！

令人開心的小包裝♪

B 芒果乾
43.95P
避免使用化學物質的芒果乾

A 綠芒果乾
53P
酸味誘人的綠芒果乾

C 芒果乾&鳳梨乾
84.50P
在台灣也有知名度的7D。內含2種水果乾的綜合包

C 椰子芒果球
57.75P
將椰奶和芒果混合做成的丸子

C Dried Mango Tamarind Balls
31.95P
酸甜羅望子風味的芒果乾

低價美妝

經典！

沙灘上的必需品！

B 鎮痛膏 99.75P
散發柑橘類的香味，100%有機的鎮痛軟膏

A 美白香皂 80P
重視美白的菲律賓女性所愛用的有機香皂

B 消毒液 59.75P
旅行時必帶一瓶的噴霧式消毒劑

C 防曬乳液 33.75P
添加木瓜精華，可能還會有美白效果!?

reasonable!!

特色飲品

經典！

內有12錠！

生薑茶	刺果番荔枝茶	可可錠	SIETE BARACOS 咖啡
84P	105P	94.95P	149.5P

C — 讓身體從內暖到外的生薑茶

C — 健康食品──刺果番荔枝茶的茶包

B — 放入水或牛奶中溶解就能喝的可可！

B — 八打雁產的咖啡，特徵是帶有苦味

菲律賓啤酒

恰到好處的濃厚滋味，順口適飲

經典！

BREW KETTLE	San Miguel Super Dry		San Miguel Cerveza Negra 47P
45P	40P		

B — 散發麥芽香，比利時白啤酒類型的精釀啤酒

A — 在菲律賓獲得廣大歡迎的啤酒。過喉會有多層次的口感

C — 黑啤酒類型的San Miguel。減少苦味的圓潤口感

調味料&香辛料

菲律賓的傳統菜♪

經典！

肉汁醬	咖哩粉	Sinigang 酸湯包 23.75P	起司粉
21.7P	45.25P		20P

C — 人氣速食店Jollibee也在用的調味醬

B — 混合花生醬的咖哩湯包

B — 在家也能作出以羅望子提出酸味的Sinigang酸湯！

A — 讓料理味道更有層次，方便好用的起司粉

A 曼達維

Savemore

宿霧市民們愛去的超市

進駐 Shoemart 和 Park Mall 的超市。除了常見的餅乾零食和香辛料外，還設有伴手禮專賣場。

MAP 附錄P5C2 ⊗Osmeña Circle車程20分 ⊕Ouano Ave., Mandaue Reclamation Area,Mandaue City ☎032-236-3106 ㉗9～22時 ㉘無 英

B 宿霧市區

Rustan's

高品質商品一應俱全

販售帶有高級質感的商品，居住於當地的外國人時常光顧的店。MAP附錄P4B2 ⊗Osmeña Circle車程16分 ⊕Ayala Center Cebu, Cardinal Rosales Ave., Cebu City ☎032-262-0680 ㉗10～21時(週五、六為9～22時) ㉘無 英

C 曼達維

Metro Supermarket

有賣日本食材的超市

位於曼達維，有販售拉麵和調味料等日本食材。

MAP附錄P4B1 ⊗Osmeña Circle車程15分 ⊕A.S.Fortuna Corner H. Cortes St., Banilad, Mandaue City ☎032-236-8390 ㉗8～21時 ㉘無 英

陶醉沉溺於景致與美食

在絕美海景餐廳
享用犒賞自己的美味晚宴

突出於大海中
的情侶席♡

在能邊欣賞海景邊用餐的餐廳度過奢侈的時光。
從天空被渲染成暗紅色的傍晚起，悠閒地享用美味的晚餐。請事先預約海風宜人的臨海餐桌吧！

被海風環抱，彌足珍貴的時光♡

特等座！
位於堤防前端，僅限1
組客人專用的完全私密
席。需事前預約！

1

麥克坦島　海鮮

Cowrie Cove

在燭光照明的羅曼蒂克空間內，
能品嘗到新鮮海鮮的餐廳。在突
出於大海的造型露臺，以海浪聲
為背景音樂享用美饌。附設時尚
流行的酒吧。

MAP 附錄P6B2　⊗麥克坦國際機
場車程20分　⊞香格里拉麥丹
島度假酒店(→P23)內
☎032-231-0288　⊞18〜22時
⊞無　英 英 預

2

3

1：1組客人的專用席，設置在距離餐廳
100m處
2：鵝肝醬佐有機雞肉560P、醃製鳳梨
280P等豐富的創作料理
3：除了室內的桌椅座位外還有露臺座位

除了桌椅座位外，吧檯座的氣氛也是絕佳

`麥克坦島` `海鮮`

Marina Seaview

從麥克坦島的沿海處，將浩瀚大海和宿霧島盡收眼底的餐廳。料理滋味和氣氛廣受好評，有許多在地的情侶會在此約會用餐。

MAP附錄P6A2 ⊗麥克坦國際機場車程10分 ⊕MEPZ1, Ibo, Lapu-Lapu City（Beside Cebu Yacht Club）☎032-263-1220 ⊛11～23時 ㊡無 英 預

特等座！ 在開放空間的露臺區，最推薦臨海座位。

純白遊艇連排的絕美海景

`麥克坦島` `菲律賓菜`

Aozora Seaside Restaurant

除了寬敞開放的店內空間外，也設有戶外的桌椅座位，能欣賞到眼前的浩瀚大海。有由當地主廚所製作的菲律賓菜，還有提供日式料理。

MAP附錄P6B1 ⊗麥克坦國際機場車程20分 ⊕H奧左拉海濱馬丹度假屋（→P32）內 ☎032-564-2171 ⊛7～22時 ㊡無 英

從露臺能欣賞到大海

特等座！ 天候轉涼的傍晚時，坐在戶外的座位令人備感舒適。

店內天花板挑高寬敞，採自然風裝潢，相當舒適

`宿霧市區` `菲律賓菜`

Lantaw Seafood & Grill

此餐廳建於從宿霧渡橋可到的人工島上。是在菲律賓很受歡迎Lantaw連鎖品牌，能品嘗到經典的菲律賓菜色。在BBQ座位能享用到炙烤海鮮。

位於宿霧市區西方，名為SPR的人工島上

MAP附錄P4A4 ⊗Osmeña Circle車程35分 ⊕Cebu South Coastal Rd., Cebu City ☎032-512-7745 ⊛11～23時 ㊡無 英 英

特等座！ 推薦天晴時能將麥克坦島和薄荷島一覽無遺的臨海座位。

能從宿霧將周遭的島嶼盡收眼底

特等座！ 能在靠海的座位眺望潟湖風景，海風拂來神清氣爽！

`麥克坦島` `地中海菜`

Abaca Restaurant

在網路上廣受好評，甚至還開設了飯店的話題性餐廳。使用各式各樣的香草和辛香料引出食材原有的美味。

白天氣氛清爽，入夜後則轉變為雅致風情

MAP附錄P6B1 ⊗麥克坦國際機場車程20分 ⊕H阿巴卡精品度假村（→P30）內 ☎032-495-3461 ⊛7～10時、11時30分～16時、17時30分～21時45分 ㊡無 英 預

能俯瞰大海的飯店餐廳

吸收食材精華的美味Q彈炒麵

YUM-YUM!

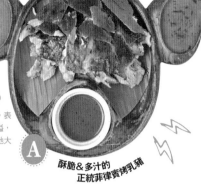

CarCar
Lechon
230P（1/4kg）

細心炙烤的豬肉，表皮酥脆、肉汁滿溢，讓人想一點不剩地大快朵頤。

A

酥脆＆多汁的
正統菲律賓烤乳豬

使用豐富多樣的食材譜出甜、酸、辣味的協奏曲

大啖菲律賓的
在地美味菜色！

菲律賓菜的特徵為調味帶甜。
再加上辣味和酸味，呈現出深奧多層次的滋味。
除了眾多使用雞肉和豬肉的菜色外，
在被大海環繞的宿霧，海鮮菜更是美味！

A

Bam-i Bisaya
185P

被稱為Pancit的菲律賓式炒麵。使用海鮮、肉類和蔬菜等大量食材的招牌菜色。

A　宿霧市區

House of Lechon

豪爽！烤全豬的專賣店

Lechon是將整隻乳豬以炭火燒烤，慶典喜事中不可或缺的菜色。廚房是玻璃隔間，所以能見到豬肉的料理過程。 MAP 附錄P4B2 ⊗ Osmeña Circle車程12分 ⊕ Acacia St. Kamputhaw, Cebu City ☎ 032-231-0958 ⊛ 10～22時 ⊛無 英英

B　曼達維

Choobi Choobi

將新鮮的蝦子做得像零食一樣

休閒風的菲律賓菜餐廳。袋裝的水煮蝦子是著名菜色。 MAP 附錄P4B2 ⊗ Osmeña Circle 車程 15 分 ⊕ 168 Ouano Ave., Parkmall, Mandaue Reclamation Area, Mandaue City ☎0917-329-3684 ⊛11時～22時30分 ⊛無 英

C　宿霧市區

Crazy Crab
Restaurant

搭配多種醬料品味螃蟹

能以親民價格品嘗到高級食材──螃蟹，受到年輕人歡迎的餐廳。沾取椰奶或蒜味的醬料享用吧。 MAP 附錄P4B1 ⊗ Osmeña Circle 車程 20 分 ⊕ GF, Gaisano Country Mall, Governor M. Cuenco Ave., Cebu City ☎ 032-416-2344 ⊛ 11～21時 ⊛無 英英 匯卡

D 白肉魚生魚片 725P

能品嘗到新鮮的白肉魚生魚片。菲律賓式的吃法是沾加有羅望子的醬油品嘗。

黑胡椒的刺激口感襯托出螃蟹的風味

黑胡椒螃蟹 250P

將螃蟹整隻蒸煮，再用牛油和黑胡椒調味。令人驚愕的美味，讓人難以言語。

C

享用菲律賓風格的頂級生魚片

也合乎台灣人口味的
菲律賓式炸雞

E

香蘭葉炸雞 255P

將做成甜鹹口味的雞肉以香蘭葉包
裹後加以油炸。菲律賓人和台灣人
都喜愛的菜色。

將菲律賓最高級的食用魚炸得酥酥脆脆

D

拉普拉普魚 1750P

在菲律賓被稱為魚中國王
的高級食用魚。屬於鮨
科，高級的白魚肉富含深
奧的滋味。

〔 當地經典速食 〕

在Jollibee品嘗菲律賓午餐！

以蜜蜂吉祥物為代表的國民速食連鎖店。上班
族愛吃的套餐是炸雞搭配白飯的組合
——Chicken Joy 89P。

曼達維

Jollibee Park Mall店

MAP 附錄 P5C2 ✗ Osmeña
Circle 車程 25 分 ⊕ Park Mall,
Ouano Ave., Mandaue City ☎
032-346-5463 時 24 小時 休 無
英 英

漢堡也不妨
嘗試看看♪

1：菲律賓全國
皆有連鎖店鋪
2：以偏甜的肉
汁醬為特徵的
Chicken Joy

酷熱的天氣就要點酸味好喝的國民湯品！

D 〔宿霧市區〕

Isla Sugbu Seafood City

生猛海鮮吃到飽♪

自助餐除了水槽和展示櫃的
海鮮外，還提供肉類和蔬
菜。能要求餐廳將喜愛的食
材以喜好的方式烹煮。 MAP
附錄 P4B2 ✗ Osmeña
Circle 車程 15 分 ⊕
Archbishop Reyes Ave.,
Cebu City ☎ 032-233-
1114 時 11～14 時、17～
22 時 休 無 英 英 預

E 〔宿霧市區〕

Café Laguna

受好評的現代菲律賓菜

從招牌菜到老饕菜色等，在
這裡能品嘗到各式各樣的菲
律賓菜。由於餐廳位於購物
中心內，初訪菲律賓者也能
放心前來。 MAP 附錄 P4B2
✗ Osmeña Circle 車程 15 分
⊕ Level 1st Ayala Center,
Cebu City ☎ 032-231-
0922 時 10～23 時 休 無 英
英

F 〔宿霧市區〕

Chika-An Sa Cebu

品嘗菲律賓家常菜

提供妝點菲律賓家庭餐桌的
家常菜，甚至是傳統菜色等
應有盡有的休閒風餐廳。菜
色已調整成適合現代人的口
味。 MAP 附錄 P4B1 ✗
Osmeña Circle 車程 20 分
⊕ 42 Sailnas Dr., Cebu
City ☎ 032-233-0358 時
11～14 時、18～22 時 休 無
英 英 預

F

Sinigang
酸湯 215P

羅望子酸味突出的菲律
賓代表性菜色。和烹煮
過的大蝦十分匹配。

B

C

扇貝的美味匯集濃縮

袋裝蝦子
365P(1pound)

袋內裝有 10～15 隻水煮
蝦的熟鮮料理。口味有蒜
香奶油和辣味。

烤扇貝 195P

將奶油和扇貝一同燒烤，
光是外觀就讓人食指大
動。風味濃郁的扇貝和奶
油十分搭配。

無論幾隻都吃得下的Q彈鮮蝦

美味料理和
氛圍無與倫比！

店內的裝潢也值得矚目！

在時髦設計的咖啡廳內享用早餐

現今在宿霧注重舒適感的設計風咖啡廳有如雨後春筍般增加。
可來這裡享用美味的早餐，或是在街頭散步後來此稍作歇息，歡度舒適放鬆的悠閒時光。

掛於牆上的照片和
繪畫也值得細細品味！

輕鬆自在的重點！
雖然店內人潮熙熙攘
攘，但寬敞的挑高空間
讓人安心放鬆。

宿霧市區　咖啡廳

Abaca Baking Company

手工製作的鬆軟麵包大受歡迎

餐廳大受好評的Abaca集團
所經營的麵包店咖啡廳。店
內瀰漫著現烤出爐的麵包香
氣。1、2樓皆有座位，展示
櫃中的塔類甜點有提供外
帶。

MAP 附錄 P4B1 ⊗ Osmeña
Circle車程16分母Crossroad,
Banilad Rd., Cebu City
☎032-262-0969 ⏰7～22時
(21時45分L.O.) 休無 英 英

2 **3**

4

1：最受歡迎的
ABC Skillet
Breakfast 495P
（前方）
2：1樓和2樓設有
桌椅座位
3：華麗的展示櫃
4：新鮮水果的奶
油牛奶鬆餅395P

宿霧市區　咖啡廳

Yolk Coffee & Breakfast

品嘗飄散高雅酸味的特殊咖啡

咖啡廳的入口狹窄且空間深長，店內裝潢雅致令人放鬆。一如代表蛋黃的店名，店內提供了豐富的蛋類料理。綜合咖啡使用民答那峨島含酸味的咖啡豆沖泡，十分美味，大受歡迎。

MAP 附錄P4B2 ⊗Osmeña Circle車程17分 ⊕80 Tres Borces St., Mabolo, Cebu City ☎032-231-0411 ⊕7～19時（週六、日為～21時）⊕無 英 英

1：著名的火腿蛋鬆餅250P
2：擺設著長桌和沙發
3：讓人回想起旅行記憶的懷舊摩登風裝潢

> 輕鬆自在的重點！
> 店內為矮天花板的沉穩空間。裝潢的品味更是上乘。

宿霧市區　咖啡廳

Birdseed Breakfast Club+Café

著名的鬆餅
分量超大♪

陽光透過大型窗照射入內的清新風咖啡廳。每天早晨出爐的現烤麵包，接近傍晚時能選擇的種類會變少，因此建議早點來買。華麗的菜單令人期待。

MAP 附錄P4A2 ⊗Osmeña Circle車程10分 ⊕F19, Axis Entertainment Av.,Escario St., Cebu City ☎032-254-9463 ⊕7時30分～22時30分 ⊕無 英 英

店內為休閒風氛圍。手工製作的奶油牛奶鬆餅300P最受歡迎

> 輕鬆自在的重點！
> 設置大片窗戶的咖啡廳，陽光投射入內明亮敞朗。

宿霧市區　咖啡廳

Café Sarree

餐點選擇豐富的休閒風咖啡廳

曾被在地報紙報導為最佳早餐餐廳的咖啡廳。玄關挑高且店內空間明亮，舒適度冠表。也能在此品嘗到菲律賓菜。

MAP 附錄 P4A2 ⊗Osmeña Circle 車程8分 ⊕9, Escario Central, N Escario St., Cebu City ☎032-254-5992 ⊕7～22時 ⊕無 英 英

1、2樓皆有座位。休憩時光適合品嘗水果滿滿的鬆餅270P

> 輕鬆自在的重點！
> 想放鬆歇息就選擁有隱私感的2樓座位！

宿霧市區　餐廳

Tymad Bistro

盡情享用實力派法國菜餐廳的道地法式甜點

在宿霧的珍貴正統法國菜餐廳。提供超過20種手工製作的甜點，部分顧客會將餐廳當作咖啡廳光顧。7～11時的早餐大受歡迎，著名的牛角麵包70P不容錯過！

MAP 附錄 P4B1 ⊗Osmeña Circle 車程22分 ⊕Maria Luisa Rd., Banilad, Cebu City ☎032-239-7385 ⊕7～23時 ⊕週一 英 英

> 輕鬆自在的重點！
> 擺飾跳蚤市場等法國的風景照片，滿溢異國風情的空間。

在豐富品項的甜點當中，最受歡迎的酸味芒果起司蛋糕195P

四季柑的
爽口果汁

調整身心靈的平衡

奢侈！療癒身心的飯店SPA

高級度假村飯店的假期，不可或缺的是遠離日常喧囂的SPA時光。
在備有豪奢設施的非日常生活空間，體驗究極的身心治療。

[麥克坦島]

Chi Spa

從隔世樂園「香格里拉」獲得靈感的SPA村，共有14間設有私人庭園的護理房。效法流傳於中國的醫療哲學，提供讓生命的泉源「氣」流通舒暢的各式療法。

MAP附錄P6B2
⊗麥克坦國際機場車程20分
⊕H香格里拉麥丹島度假酒店
（→P23）內
☎032-231-0288
⊕10～22時
⊛無
英 英 預

在廣闊的SPA村享受解放身心的極致幸福時光

將浸泡過溫熱按摩油的香蕉葉鋪放於肌膚上，藉以調整體內的平衡

healing & relax time

上：SPA Villa設有8間單人護理房、6間雙人護理房
左：具高級感的櫃台內，有笑容滿面的員工迎接顧客到來

値得推薦的護理療程

Philippine Hilot

60分／5480P～

以菲律賓傳統的Hilot按摩為基礎，使用椰子油和香蕉葉按摩放鬆全身的肌肉。

小溪潺潺聲取悅耳朵
頂級的放鬆身心設施

麥克坦島

Mogambo Springs

面對和風庭園的SPA設施是擁有瀑布泳池和溫水按摩浴缸的隱密空間。提供豐富的私房療法。

MAP附錄P6B3 ✈麥克坦國際機場車程35分 住植種園海灣度假村（→P26）內 ☎032-505-9800 時10～23時 休無 英 英 預

值得推薦的護理療程

Aromatic Tranquility

120分／6200P

以浸泡在泳池的狀態按摩頭、肩和手腕，最後再施以身體磨砂和油按摩。

1：有如洞窟般裝潢的大套房
2：花瓣浴散發花瓣和油的香氣，療癒人心
3：天花板挑高，能徹底放鬆休息的護理房

麥克坦島

Cara Spa

統一規劃成摩登風裝潢的舒適SPA。除了受歡迎的Hilot外，還提供針對曬傷肌膚的療程，以及身體磨砂、臉部按摩等超過10種的療程。

MAP附錄P6B3 ✈麥克坦國際機場車程25分 住宿霧J公園島水上樂園度假村（→P29）內 ☎0917-720-1004 時10～23時 休無 英 英 預

值得推薦的護理療程

Philippine Hilot Oil Massage

60分 2107P

改良菲律賓傳統的按摩療法。除了能全身排毒外，還有消除疲勞的效果。

柔和光線環繞的豪奢SPA

1：芳香滿室的空間
2：由經過無數次訓練、手法純熟的美容美體師進行療程
3：柔和光線環抱的放鬆時刻
4：亞洲風格的室內裝潢

滿溢爽朗的自然光線
富時尚感的SPA房

麥克坦島

Aum Spa

提供以亞洲各國傳統療法為基礎的豐富按摩療法。14間護理房中的6間，能在通風良好的半室外空間享受按摩。

MAP附錄P6B2 ✈麥克坦國際機場車程25分 住深紅SPA度假酒店（→P28）內 ☎032-239-3900 時9～23時 休無 英 英 預

值得推薦的護理療程

Aum Deep Tissue Massage with Hot Stone Therapy

120分 5500P

將傳統的按摩和熱石療法加以融合。溫暖身體帶來促進血液循環的效果。

1：曾獲Luxury Spa Award
2：添加小黃瓜和蘆薈的臉部噴霧
3：半室外的雙人護理房

≫ 接受獨特的護理療程療癒身心吧 ≪ 在宿霧值得推薦的按摩療法介紹

Hilot	**竹式按摩** Bamboo Massage	**香草按摩** Herbal Massage	**熱石按摩** Hot Stone Massage
自古傳承至今的傳統療法。使用按摩油，以有勁且敏捷的手法按摩全身。	使用溫熱竹子的按摩。舒緩緊繃的肌肉，將老舊物質從體內排出，藉以恢復健康的身體。	將裝滿香草的香草球蒸熱，用按壓的方式讓身體吸收。香草的芳氛療癒人心。	使用溫熱的玄武岩及按摩油，以滑動般的方式按摩。有促進血液循環和提高新陳代謝的效果。

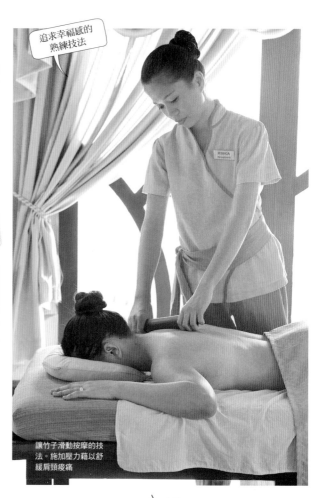

使用天然油品和磨砂膏♪

追求幸福感的熟練技法

舒適的氛圍是魅力所在

遍訪堅持品質的街頭SPA

雖說和飯店SPA相比街頭SPA的高級感略遜一籌，但品質保證的療法和無需作態的氛圍，
對於觀光客而言有絕大的利用價值。高水準的治療療法更是不在話下！

麥克坦島

Maligaya Spa

店名在他加祿語中有著幸福意思的
SPA。熱門的按摩療程有熱石、竹
子和香草等3種。各包含腳底按摩、
身體磨砂和花瓣浴等服務。

MAP 附錄P6B2
㊟麥克坦國際機場車程20分
㊀So-ong 1, Lapu-Lapu City,
Mactan Is.
☎032-520-8040 ㊝9～22時
㊡無 英 英 預

品質堅持之處！
提供菲律賓傳統
的按摩療法。

左上：配備按摩浴池的Villa。若有預約可只
進行按摩
右上：護理房被生氣盎然的綠意覆蓋，擁有
完整的隱私感

值得推薦的
護理療程

竹式按摩
Bamboo Massage

60分/5470P～

用富含礦物質的溫熱竹子按摩。據
說有消脂和排毒的效果。

讓竹子滑動按摩的技
法。施加壓力藉以舒
緩肩頸痠痛

小費1小時約50P！

連鎖按摩店也值得推薦！

宿霧市區

Nuat Thai

居住當地的
日本人也常光顧

以宿霧為中心，在各地開設分店的廉
價按摩店。受歡迎的療法為熱石按摩
550P（1小時30分）和熱油按摩350P
（1小時）。MAP 附錄P4B2
㊟Osmeña Circle車程13分 ㊀
Avagar Building, North Escario,
Corner, Molave St., Cebu City ☎
032-415-3069 ㊝11～24時（週五、
六為12時～翌1時）㊡無 英 英

宿霧市區

Thai Boran

身體疲倦就選
泰式按摩！

在宿霧隨處可見的連鎖店舖。引以
為傲的泰式按摩為200P（1小時），
瑞典式按摩為250P（1小時）。
MAP 附錄P4B2 ㊟Osmeña Circle
車程13分 ㊀2F 424 Wee Bldg.,
Gorordo Ave., Cebu City ☎032-
236-1877 ㊝12時～翌1時 ㊡無
英 英 適用

不妨嘗試店鋪自傲的熱石按摩

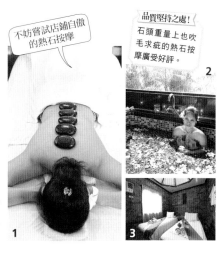

[麥克坦島]

Noah Stone & Spa Resort

麥克坦島內率先引進熱石按摩的SPA。以溫熱的玄武岩讓身體從內暖到外，促進血液循環。提供3種划算的療程，全都包含熱石按摩。

MAP 附錄P6B2 ⊗麥克坦國際機場車程20分 ㊟Abuno St., Pajac Lapu-Lapu City, Mactan Is. ☎032-342-8379 ㉄9～22時 (休)無 (英)(英)(預)

值得推薦的護理療程

C-Course／Spa Package

150分／US$120

除了熱石按摩外，還包含臉部按摩、蕉葉裹體和溫熱浴等。

1：玄武岩的熱度緩緩地溫暖全身
2：在恬靜的音樂環繞下，浸泡於花瓣浴歇息放鬆
3：多達20間的護理房皆為高格調的亞洲風裝潢

用有機材料進行全身排毒

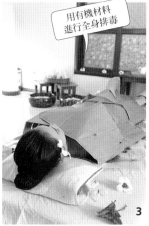

[麥克坦島]

Arnika Spa

位於鮮綠庭園內的護理房為椰葉屋頂的傳統設計建築。療程使用有機原料的油和磨砂膏，是店家引以為傲之處。5種SPA療程2300P～十分划算。

MAP 附錄P6B2 ⊗麥克坦國際機場車程25分 ㊟Datag, Maribago, Lapu-Lapu City, Mactan Is. ☎032-495-7187 ㉄10～23時 (休)無 (英)(英)(預)

值得推薦的護理療程

Arnika Bliss

180分／4500P～

包含花瓣浴、全身按摩、臉部按摩和蕉葉裹體等，人氣第一的療程。

1：設有7棟寬敞的Villa
2：用咖啡和黑糖磨砂後，再敷上椰肉，最後以香蕉葉包裹身體
3：用蕉葉滋潤身體

[麥克坦島]

Eco Spa

讓人聯想到東南亞寺院的東方氛圍SPA。除了4棟Villa矗立於繁花簇擁的花園外，還設有13間護理房。

MAP 附錄P6B2 ⊗麥克坦國際機場車程25分 ㊟Bagong Silingan Mactan, Lapu-Lapu City, Mactan Is. ☎032-239-1657 ㉄9～23時 (休)假日 (英)(英)(預)

值得推薦的護理療程

香草按摩
Herbal Massage

120分／2000P

將包裹著香草葉和莖的香草球蒸熱，進行按摩。擁有促進血液循環和放鬆效果。

1：香草的成分從溫熱的香草球浸透進肌膚深處
2：也有使用貝殼的按摩療法
3：在細心維護的庭園內設有護理房

被自然環抱的天然風格SPA

宿霧的夜晚就在酒吧中舉杯暢飲♪

在氣氛絕佳的酒吧徹夜狂歡

在常年夏天的宿霧，暑氣漸消的夜晚更是熱鬧非凡。
在度假村飯店的時尚感酒吧，或是當地居民集結的嬉皮酒吧，度過大人專屬的夜生活。

16～18時的Happy Hour飲品價格超值划算，雞尾酒選擇更是豐富！

海風令人舒暢
海上的海灘俱樂部

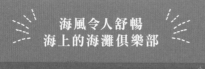

1：每日推出不同的表演秀
2：西班牙香腸蛋360P等西班牙小菜選擇豐富

麥克坦島 | **飯店酒吧**

Ibiza Beach Club

漂浮於木製甲板前端的純白水上酒吧。以DJ撥放的音樂為BGM，享受優雅的夜生活。晚餐提供巴西烤肉自助餐。

MAP附錄P6B2 ⊗麥克坦國際機場車程20分 🅟
🏨宿霧麥克坦島瑞享飯店（→P27）內 ☎032-492-7777 🕐16～24時（週五～週日為15時～翌2時）休無 英 英 預 👜

飯店酒吧

宿霧市區 | **飯店酒吧**

Blu Bar & Grill

宿霧馬可波羅酒店位處高地，而酒吧位在飯店的最高樓層，能從約300m的高處欣賞夜景。店內環繞著藍色照明，營造出羅曼蒂克的氛圍。

MAP附錄P4A1 ⊗Osmeña Circle車程20分 🅟
🏨宿霧馬可波羅酒店（→P70）內 ☎032-253-1111 🕐16時30分～24時 休無 英 英 預

1：能品嘗到燒烤肉類或海鮮等地中海菜
2：能將宿霧璀璨的夜景一覽無遺
3：藍光夢幻的空間

從飯店最高樓層
欣賞市區夜景

宿霧市區　酒吧&餐廳

Guest Urban Café+Wine Bar

提供紅酒與白酒共17種的單杯葡萄酒，廣受好評的休閒風義大利式酒吧。石窯披薩更是一絕。

MAP附錄P4B1 ⊗Osmeña Circle車程20分 ⊕Ground Level, Galyx Center Cebu, IT Park, Lahug, Cebu City ☎032-238-8335 ⊕7時～翌1時 ⊛無 英 英

1：提供14種披薩、超過30種的義大利麵 2：在露臺座位享受涼爽夜晚

宿霧市區　酒吧&餐廳

Bellini

緊鄰受歡迎的義大利餐廳Anzani（→P68）旁的酒吧。位於小丘陵當中，眼前景緻絕美。

MAP附錄P4A1 ⊗Osmeña Circle車程25分 ⊕Panorama Heights, Nivel Hills, Lahug,Cebu City ☎032-232-7375 ⊕17時30分～24時（週四～週六為～翌1時）⊛無 英 英

3：提供獨創雞尾酒
4：向深處延伸的店內空間約有50個座位

窯烤披薩
搭配葡萄美酒

欣賞豐饒夜景
的宿霧之晚

市區酒吧

帶有民族風世界觀的
特色墨西哥餐廳

實力派歌手
現場表演的酒吧

宿霧市區　墨西哥菜

Maya

店內裝飾巨大面具和骷髏的異國風空間。提供美式風味的墨西哥菜。

MAP附錄P4B1 ⊗Osmeña Circle車程16分 ⊕Crossroad Banilad Rd., Cebu City ☎032-238-9552 ⊕17～23時（週五、六為～翌2時）⊛無 英 英

5：推開厚重的大門進入餐廳
6：墨西哥捲餅180P（前方）必吃

宿霧市區　爵士酒吧

Jazz' n Bluz

在此酒吧能欣賞到以爵士樂為主的現場表演。在受到歡迎的料理當中，以牛排的粉絲量最為眾多。

MAP附錄P4B1 ⊗Osmeña Circle車程15分 ⊕One Paseo, Maria Luisa Rd. Banilad, Cebu City ☎032-517-6175 ⊕19時～翌1時 ⊛無 ⊛入場費180P～200P 英

7：現場表演約從21時左右開始
8：陶醉於菲律賓人的音樂品味

還有還有！宿霧夜生活的享樂之道

宿霧市區　想欣賞夜景就來這！

Tops

瞭望台

位於宿霧北部山丘上的瞭望台。若是要搭計程車往返需事先議價。MAP附錄P4A1 ⊗Osmeña Circle車程35分 ⊕Cebu Transcentral Hwy., Cebu City ⊕24小時 ⊛無 ⊛100P

曼達維　想在俱樂部狂歡就來這！

Liv Super Club

夜間俱樂部

年輕人聚集的熱門俱樂部。不可穿著運動服裝或涼鞋入場。MAP附錄P5C2 ⊗Osmeña Circle車程27分 ⊕City Time Square., Mandawe Ave., Mandaue City ☎032-328-0192 ⊕20時30分～翌5時 ⊛週一、二、日 英 英

從宿霧出發！廣受歡迎的自選行程

受惠於瑰麗碧海的宿霧，擁有豐富多樣以大海為舞台的旅遊行程。
考量到交通移動方式，參加結合歷史遺跡、夜景和購物為一體的市區行程十分方便！

① 近距離觀察鯨鯊＆浮潛（附午餐）

在宿霧南部的歐斯陸，和世界最大魚類——鯨鯊一同悠遊的浮潛行程。穿著救生衣，水面處有教練從旁協助所以令人安心。

出發 4時30分　所需時間 約13小時　成行日 每日　金 US$180～

1：能順道拜訪被白砂環繞的蘇米龍島
2：伴遊鯨鯊，一同拍照留念的珍貴體驗

② 墨寶海龜觀察＆浮潛（附午餐）

墨寶位於宿霧西海岸，是自古聞名的潛水天堂。周圍海域的珊瑚優美，有極高機率能見到海龜而名聞遐邇。

出發 5時30分　所需時間 約10小時　成行日 每日　金 US$160～

1：未經人工雕琢的純白沙灘
2：在墨寶的海域，即使是浮潛也有很高機率能遇見海龜

③ 自選島嶼野餐的玩翻行程♪（附午餐）

大受歡迎的島嶼野餐。配合自己的行程可選擇半日或1日的方案。在玩翻行程當中能徹底遊玩娜魯萱島和希魯東根島等2座島嶼。

出發 8時　所需時間 約7小時
成行日 每日　金 US$96～

1：午餐為品嘗蝦蟹等海鮮菜
2：位於海洋保護區的群島受惠於優美大海，人間天堂！

④ 上午出發 宿霧市內觀光＆附菲律賓菜午餐的行程

有效率巡遊麥哲倫十字架和聖嬰聖殿等宿霧市區景點的經典行程。還能在SM Seaside Mall享受購物樂趣。

出發 8時　所需時間 約7小時
成行日 每日　金 US$60～

1：麥哲倫十字架的天花板描繪著宿霧國王洗禮的過程
2：尋訪西班牙統治時代所建的歷史建築

⑥ 薄荷島1日完整暢玩行程

從宿霧搭高速船約2小時抵達薄荷島，整日暢玩的熱銷行程。有圓錐形山丘連綿的巧克力山、雄厚建築的教堂、可愛的原始眼鏡猴等豐富的觀光景點。

出發 7時30分　所需時間 約13小時　成行日 每日　金 US$130～

1：體長10cm世界最小的原始猴——眼鏡猴 2：一眼望去盡是30m左右的山丘——巧克力山

⑤ 下午出發 芒果饗宴晚餐 & 熱門觀光景點巡遊和夜景欣賞

巡遊宿霧市區的觀光景點，在飯店餐廳享用芒果饗宴晚餐。最後在Tops瞭望台欣賞宿霧市區夜景的奢侈行程。

出發 14時　所需時間 約7小時　成行日 每日　金 US$110～

1：說到菲律賓就想到Pelican芒果！成熟芒果的甜度令人驚艷 2：前往宿霧首屈一指的夜景觀賞景點Tops

⑧ Maligaya Spa & 海上餐廳晚宴

在位於麥克坦島的Maligaya Spa享受精油按摩之後，在浮於水上的Lantaw Floating Restaurant悠閒享用菲律賓菜的物超所值行程。

出發 14時30分　所需時間 約6小時　成行日 每日　金 US$80～

1：Maligaya Spa是設備完善的熱門街頭SPA 2：品嘗當地人也讚不絕口的高水準菲律賓菜

⑦ 大啖全餐饗宴！奢侈度過宿霧之夜的購物&晚宴行程

享受購物樂趣的同時，又能品嘗到以話題性的芒果為主題的晚宴全餐。接著在Tops欣賞宿霧市區夜景，觀光精華濃縮一體的行程。

出發 16時　所需時間 約7小時　成行日 每日　金 US$120～

1：每道料理皆使用芒果的話題性全餐
2：在地品牌應有盡有的購物中心

在此報名參加

Ⓐ My Bas Desk

宿霧的4間JTB服務處全部進駐於飯店內。提供享受宿霧觀光的種類豐富行程。 MAP 附錄P6B2、B3他 住 H 種植園海灣度假村 H 宿霧J公園島水上樂園度假村 H 深紅SPA度假酒店 H 藍水邁柏高海灘度假村內 ☎032-349-3925 時8～12時、15～18時 休無 URL https://www.mybus-asia.com/philippines/ ※口、英文對應

Ⓑ PTN Travel

提供包含最新觀光資訊的豐富自選旅遊行程。也有種類眾多的獨家行程。主要由熟悉宿霧的日本員工組成，以貼心的服務支援顧客的度假村假期。 MAP 附錄P6B2 住 Brgy Saac Ⅱ, Lapu-Lapu City, Mactan Is. ☎032-340-7910 時8～17時(週六為～13時) 休週日 URL www.ptn.com.ph ※日、英文對應

※ Ⓑ 也有提供類似①③④⑥的行程

還有還有！

宿霧
的
備受矚目景點

在宿霧市區和麥克坦島的寬廣範圍內，
購物中心、咖啡廳和餐廳等在此陸續登場。

🏳 玩樂 | 宿霧市區 　　　　　MAP 附錄P4B2

水藍城賭場
Casino Filipino

菲律賓政府公認的賭場

位於宿霧水藍城飯店＆賭場
（→P70）內的賭場。在充滿高
級感的店內空間，能玩吃角子老
虎機和賭檯遊戲。穿著短褲、涼
鞋和迷彩圖案服裝則禁止入場。
DATA ⊗Osmeña Circle車程
20分 ⊕Waterfront Cebu
City Hotel, Salinas dr.,
Lahug ☎032-231-0218 ⊕
24小時 ⊕無 英 ⓥ

🍴 美食 | 麥克坦島 　　　　　MAP 附錄P6B2

Hola España

窯烤披薩的香味促進食慾

吸收海鮮美味精華的西班牙海鮮
燉飯最受歡迎。蒜油蝦350P也
值得推薦。酒窖中擺放著來自世
界各地的葡萄酒。DATA ⊗麥克
坦國際機場車程15分⊕Max's
Center Across Shangri-la
Mactan Punta Engaño ☎
032-495-8187 ⊕11～23時
⊕無 英 英

🍴 美食 | 麥克坦島 　　　　　MAP 附錄P6A4

Lantaw Floating Native Restaurant

位於麥克坦島西南部的隱世餐廳

此水上餐廳漂浮於海風舒適的棧
橋的端。店內空間開放，能將優
美的日落和宿霧市區夜景一覽無
遺。以實惠的價格享用交織傳統
和創作而生的菲律賓菜。DATA
⊗麥克坦國際機場車程45分⊕
Day-as,Tulay, Cordova ☎
032-514-2959 ⊕10～24時
⊕無 英 英

📷 景點 | 麥克坦島 　　　　　MAP 附錄P6B2

拉普拉普像和麥哲倫紀念碑
Lapu-Lapu Monument & Magellan's Marker

創造宿霧歷史的偉人像

在世界一圈航海的途中，為了傳
布基督教來到宿霧的冒險家麥哲
倫之紀念碑，以及為了阻止其侵
略行為而起身反抗，擊退來軍的
英雄拉普拉普之銅像。麥哲倫紀
念碑一旁展示著描繪1521年4月
麥克坦島的戰爭場景。DATA ⊗
麥克坦國際機場車程20分 ⊕
Lapu-Lapu City

上：壁畫上描繪登陸麥克坦島的麥哲倫一行人和拉普拉普軍間的
戰爭 下：擊敗麥哲倫軍的英雄——拉普拉普的雕像

🍴 美食 | 麥克坦島 　　　　　MAP 附錄P6A2

Scape Skydeck

屋頂空間寬敞開放

除了菲律賓菜外，還提供漢堡、
義大利麵和披薩等多國菜色。能
欣賞到連結宿霧和麥克坦的新
橋。DATA ⊗麥克坦國際機場車
程10分 ⊕Roof Deck, Azon
Residences, M.L. Quezon
National Highway, Pusok
☎032-494-0898 ⊕11～14
時、17～24時 ⊕無 英

🍴 美食 | 麥克坦島 　　　　　MAP 附錄P6B2

Maribago Grill & Restaurant

完整品味南國氣氛的餐廳

能品嘗到炭烤花枝235P～和
Crispy Pata（炸豬肉）435P
等具代表性的菲律賓菜。店內為
在椰子葉屋頂下設置桌椅的開放
式空間。DATA ⊗麥克坦國際機
場車程30分 ⊕Bagumbayan
Uno Maribago ☎032-495-
8187 ⊕10～22時（週日為
14～22時）⊕無 英 英

🍴 美食　麥克坦島　　　　　　MAP 附錄P6B1

空海
Kukai

展現食材原有美味的正統和食

使用當地捕撈的海鮮及日本的食材，在這裡能享用到正宗的日本料理。最推薦擺盤美麗的特製加州壽司捲，裏頭竟然有新鮮芒果！ DATA ⊗麥克坦國際機場車程25分 ⊕Punta Engaño ☎032-495-1114 ⊗11～14時、17～22時 ⊗無 英英

🍴 美食　麥克坦島　　　　　　MAP 附錄P6B2

Gold Mango

品嘗外觀華麗的美味佳餚

提供以海鮮和烤肉為主的義大利餐廳。設有多間包廂，舒適得讓人想長待久駐。擁有Gold Mango沙拉365P等具有特色的佳餚。 DATA ⊗麥克坦國際機場車程25分 ⊕Bagumbayan Uno Maribago ☎0915-330-8432 ⊗11時～22時30分 ⊗無 英英

🍴 美食　麥克坦島　　　　　　MAP 附錄P6B2

EL Sueño Resort & Restaurant

由日本人經營，能讓人安心用餐的餐廳

融合日本和菲律賓文化的休閒放鬆空間，主要提供菲律賓菜的餐廳。栽種因高營養價值而被稱為奇蹟之樹的辣木，並且能在料理中品嘗到。 DATA ⊗麥克坦國際機場車程15分 ⊕Sea breeze, Mactan ☎032-494-2572 ⊗11～14時、17～24時 ⊗無 英英

上：由日本人經營，提供菲律賓經典菜色的餐廳
下：蒜香辣木義大利麵200P和牛舌Sisig550P

🍴 美食　麥克坦島　　　　　　MAP 附錄P6B3

Kalachuchi Fushion Cuisine & Grill Restaurant

能在自然環境中享用美食

能以優惠價格品嘗到融合菲律賓菜和台菜的多國籍佳餚。其中最推薦小籠包250P。 DATA ⊗麥克坦國際機場車程30分 ⊕Quezon National Highway Masiwa, Marigondon, Lapu-Lapu ☎032-492-1977 ⊗16時30分～翌2時 ⊗無 英英

🍴 美食　麥克坦島　　　　　　MAP 附錄P6A2

Sharky' s Bar & Grill

餐飲選擇眾多的娛樂酒吧

能打撞球和欣賞現場樂團表演的酒吧。啤酒60P、雞尾酒200P等價格實惠。200P以下就能品嘗到的菲律賓菜等餐點廣受好評。 DATA ⊗麥克坦國際機場車程15分 ⊕Maximo V. Patalinghug Jr. Av., Pajo ☎032-495-1906 ⊗18時～翌2時 ⊗無 英英

🍴 美食　麥克坦島　　　　　　MAP 附錄P6B2

Western Steak House

開朗活潑的店員為特色之一

店內的招牌菜為US安格斯牛排1480P～。以專用冰箱熟成的牛肉柔軟且口感絕佳。能選擇肉的分量、熟度等，客製化的服務大獲好評。 DATA ⊗麥克坦國際機場車程25分 ⊕Buyong Rd., Maribago ☎032-495-3883 ⊗11時～22時30分 ⊗無 英英

上：西部風格的店內為沉穩的木紋裝潢
下：US安格斯牛排1480P

🍴 美食 | 宿霧市區 　　　　MAP 附錄P4A1

Anzani

受歡迎的地中海菜餐廳

位在能欣賞到宿霧夜景的絕佳地段。由原著名餐廳主廚的Marco Anzani所推出的獨創菜色廣受好評，義大利麵450P～、披薩450P～。**DATA** ⊗Osmeña Circle車程25分 ⊕Panorama Heights, Nivel Hills, Lahug ☎032-232-7375 ⊛11時～14時30分、18～24時 ⊛無 英 英

🍴 美食 | 宿霧市區 　　　　MAP 附錄P4B1

Café Georg

宿霧市貴婦們鍾愛的咖啡廳

除了義大利麵和肉類料理等豐富的餐點外，還提供10種以上的自製甜點。還能嘗到甜度恰到好處的甜點。起司蛋糕125P～。**DATA** ⊗Osmeña Circle車程20分 ⊕GF, MLD Bldg., Banilad ☎032-234-0887 ⊛10時30分～22時（週五、六為～23時）⊛無 英 英

🍴 美食 | 曼達維 　　　　MAP 附錄P4B1

Tavolata

適合團體用餐的餐廳

店名在義大利文中的意思為「眾多人圍著餐桌用餐」。使用義大利產麵粉自製的義大利麵廣受好評。照片中的千層麵為410P。**DATA** ⊗Osmeña Circle車程20分 ⊕Design Centre of Cebu, AS Fortuna at P. Remedio St., Mandaue City ☎032-505-6211 ⊛11時30分～14時、17時30分～22時 ⊛無 英

上：提供千層麵和通心粉等多樣化的義大利麵
下：1樓和2樓共有70個座位。挑高和玻璃落地窗的高雅空間

🍴 美食 | 宿霧市區 　　　　MAP 附錄P4B1

Moon Cafe

ＣＰ值超高的墨西哥菜餐廳

當地年輕人和觀光客絡繹不絕的墨西哥餐廳。附上白飯的厚片豬排——Moon Skeak220P最受歡迎。菲律賓菜和義大利麵等也值得一嘗。**DATA** ⊗Osmeña Circle車程20分 ⊕The Walk, IT Park, Lahug ☎032-505-4239 ⊛11～23時（週五、六為～24時）⊛無 英 英

上：Moon Steak除了豬肉外，還有雞肉和牛肉可選
下：進駐購物中心的連鎖餐廳

🍴 美食 | 宿霧市區 　　　　MAP 附錄P4B1

Royal Krua Thai

ＣＰ值絕佳的泰國菜餐廳

餐點大多為100～250P的實惠價格。最受歡迎的是冬陰功湯。由於分量較大，所以推薦2～3位一同共享美食。**DATA** ⊗Osmeña Circle車程15分 ⊕Unit 101 & 102,Banilad Town Centre, Gov. M. Cuenco, Banilad ☎032-346-3588 ⊛11～22時 ⊛無 英 英

🍴 美食 | 宿霧市區 　　　　MAP 附錄P4B2

韓陽苑
Kanyoen

能品嘗到優質肉品的燒肉專門店

必須事先預約的熱門燒肉店。使用從日本引進的烤爐，烤肉味不易附著衣物。價格約在300～550P左右。**DATA** ⊗Osmeña Circle車程15分 ⊕GF, Castle Peak Hotel, F.Cabahug ast., Coor.Pres. Quezon St., Mabolo ☎032-232-2989 ⊛11時30分～14時、17時30分～22時 ⊛週一 英 英

🍴 美食 ┃ 宿霧市區　　　　　MAP 附錄P4B3

No.9 Restaurant

在沉穩的空間內享用私密晚餐

在改建自獨棟住宅的餐廳，能品嘗到東方風味的佳餚。2樓為開放寬敞的挑高空間。吧檯提供種類豐富的酒類。西班牙小菜150P～、培根蛋義大利麵390P。DATA ⊗ Osmeña Circle車程5分 ⊕ No.9 E Benedicto St., Zapatera.,Cebu City ☎032-253-9518 ⏰17～24時 休無 英英

上：除了現代風口味的菲律賓菜外，還提供西班牙菜
下：白牆搭配木紋，室內裝潢風格摩登

🍴 美食 ┃ 曼達維　　　　　MAP 附錄P5C1

呑ん気
Nonki

有不輸給日本居酒屋的豐富菜單

提供壽司、生魚片和天婦羅等的日本料理餐廳。上握壽司495P、豬排盒飯260P等，幾乎所有料理都能以500P以下的價格品嘗到。還有豐富的創新料理。DATA ⊗ Osmeña Circle車程15分 ⊕219-A.S Fortuna St., Bakilid, Mandaue City ☎032-422-3159 ⏰17時30分～23時 休無英英

🍴 美食 ┃ 曼達維　　　　　MAP 附錄P5D1

Oyster Bar Seafood Restaurant

以喜好的調理方式品嘗海鮮

能享用到新鮮魚獲的海鮮餐廳。一如店名，也能品嘗到極度新鮮的生蠔。西班牙海鮮燉飯460P、海鮮Kare-Kare315P。DATA ⊗ Osmeña Circle車程35分 ⊕Bridges Town Square, Plaridel St., Alangalang, Mandaue City ☎032-344-7038 ⏰11時～14時30分、18～22時 休無英英

🎁 購物 ┃ 宿霧市區　　　　　MAP 附錄P4A4

SM Seaside City Cebu

宿霧最大規模的購物中心

超過300間店鋪進駐的巨大購物商場。集結台灣人也熟悉的高級品牌、在地流行服飾，以及雜貨商店等應有盡有。除了餐廳外，還設有電影院和保齡球館等，因當地顧客而人聲鼎沸。DATA ⊗ Osmeña Circle車程15分 ⊕ South Rd., Properties ☎ 032-340-8735 ⏰10～21時 休無 英

🎁 購物 ┃ 麥克坦島　　　　　MAP 附錄P6A2

Gaisano Mactan

提供種類多元的商品選項

麥克坦島最大的購物中心。除了在地受歡迎的速食店外，還進駐了種類多樣的餐廳。由於能找到流行服飾、食品和化妝品等各式各樣的商品，所以最適合在此購買伴手禮。DATA ⊗麥克坦國際機場車程15分 ⊕National Rd.,Pajo ☎032-340-5889 ⏰9～21時 休無 英

🎁 購物 ┃ 宿霧市區　　　　　MAP 附錄P4B2

SM City Cebu

品項齊全的平民風購物中心

服飾店、免稅店和電影院等超過500間店鋪進駐的商城。尤其菲律賓品牌的店鋪豐富多樣。地下1樓的美食街擁有50間以上的餐廳。DATA ⊗ Osmeña Circle車程15分 ⊕ North Reclamation Area ☎032-231-0557 ⏰10～21時 休無 英

上：眾多當地顧客光顧，能一窺朝氣蓬勃的宿霧日常生活
下：由於有超市進駐，所以能有效率地進行採購

🎁 購物 | 麥克坦島 　　　MAP 附錄P6B2

Alergre Guitars

在手工吉他工廠陶醉於優美音色

麥克坦島是世界最有名的吉他生產地。島內有數間吉他工廠和店鋪，在Alergre Guitars能見到工匠製造吉他的過程。當然在展示間內能以3500P購買得到吉他。工廠員工的精湛吉他演奏更加刺激購買慾望。 **DATA** ⊗麥克坦國際機場車程20分 🏠Pajac-Maribago Rd., Lapu-Lapu City ☎032-495-3167 🕐8時~18時30分（週日為~18時）🈚無🈶

🏢 住宿 | 宿霧市區 　　　MAP 附錄P4B3

宿霧麗笙酒店
Radisson Blu Cebu

非常方便的大型市區飯店

位於宿霧市港灣區域的五星級飯店。地點便利緊鄰購物中心。雖說是市區飯店，但1樓處設有游泳池和泳池酒吧。**DATA** ⊗麥克坦國際機場車程40分 🏠Serging Osmena Blvd. Corner Juan Luna Av., Cebu City☎032-402-9900 💰Superior房5700P~、Premium房9200P~、行政大套房10700P~ 客房數 400 URL www.radissonblu.com/zh🈶

🏢 住宿 | 宿霧市區 　　　MAP 附錄P4A1

宿霧馬可波羅酒店
Marco Polo Plaza Cebu

能將宿霧市一覽無遺的美景飯店

位於丘陵半山腰，能將宿霧市區盡收眼底的24層高樓飯店。設有山景和海景房，全部客房皆為設有書桌等的機能性空間。擁有景觀超群的屋頂酒吧和涼爽的池畔餐廳等，設施也豐富充實。 **DATA** ⊗麥克坦國際機場車程45分 🏠Cebu Veterans Dr., Nivel Hills, Apas, Cebu City ☎032-253-8910 💰Deluxe山景房12050P~、Premium大套房23650P~等 客房數 329 主要設施和服務 餐廳、酒吧、戶外泳池、SPA、健身房、商務中心、24小時客房服務、無線網路服務 URL www.marcopolohotels.com🈶

挑高的大廳是裝飾著玻璃水晶燈的豪奢空間。19時開始會有現場音樂演奏

🌿 療癒 | 宿霧市區 　　　MAP 附錄P4B1

Tree Shade Spa

當地廣受好評的服務紮實SPA

按摩技術大受好評的休閒風SPA。基本的乾式按摩為400P（60分）。療程選項也多元，精油芳療＋指壓1050P（90分）最受歡迎。**DATA** ⊗Osmeña Circle車程20分 🏠Salinas Dr., Lahug, Cebu City ☎032-232-7890 🕐11時~24時（週五、六為12時~翌1時）🈚無🈶🈯🈹

上：附設咖啡廳和禮品店，能悠閒地度過放鬆時光
下：Premium療程專用的護理房

🏢 住宿 | 宿霧市區 　　　MAP 附錄P4A3

皇冠麗晶飯店
Crown Regency Hotels&Towers

高空體驗驚險刺激的遊樂設施

38層樓高也是宿霧市區地標的雙塔飯店。在最高樓層能體驗到高空軌道車等遊樂設施。**DATA** ⊗麥克坦國際機場車程30分 🏠Osmeña Blvd., Cebu City ☎032-418-8888💰Superior房6000P~、Junior大套房7500P~、皇冠麗晶大套房12000P~、雙床皇冠麗晶大套房18000P~ 客房數 411 🈶

🏢 住宿 | 宿霧市區 　　　MAP 附錄P4B2

宿霧水藍城飯店&賭場
Waterfront Cebu City Hotel&Casino

城堡風格的外觀別具存在感！

以中世城堡為外觀設計的飯店。賭場和購物街等豐富的館內設施為魅力之處。舒適的客房有城景和山景等2種選擇。**DATA** ⊗麥克坦國際機場車程50分 🏠Salinas Dr.,Lahug, Cebu City ☎032-232-6888💰Superior房5360P~、Deluxe房5760P~、大使大套房10800P~、行政大套房16480P~ 客房數 561 URL www.waterfronthotels.com.ph🈶

薄荷島
Bohol Island

綿延至地平線的丘陵撼動人心，

可愛的眼鏡猴療癒心靈⋯

數不盡的絕無僅有邂逅就在這裡！

薄荷島 區域NAVI

從宿霧可一日來回旅行的熱門島嶼。連綿丘陵的巧克力山和原始猴的眼鏡猴是觀光焦點。
邦勞島位於其西南方，島上優美的沙灘——阿羅那海灘也值得一見。

薄荷島的
必做事項
BEST 3

1 在巧克力山
拍照留念
（→P14、75）

登上220階的樓梯，從瞭望台拍攝巧克力山。記得以美景為背景來自拍！

2 和可愛的眼鏡猴
相見歡（→P74）

體長約10cm左右的原始猴。目前瀕臨絕種，但能在保護區觀察得到。

3 在阿羅那海灘
悠閒度假♪（→P76）

長達500m的白砂海灘。眺望有如寶石般閃爍的大海，度過放鬆休閒的頂級幸福時光♪

從美景到小小動物等樂趣無窮

來和眼鏡猴
見面吧

① 薄荷島
Bohol Island

位在宿霧和民答那峨島之間的自然豐沛島嶼。在中心處的塔比拉蘭設有港口和機場。羅伯克河渡船和巧克力山參觀等，以自然為舞台的觀光行程豐富多樣。

1：大眼睛的可愛眼鏡猴
2：祭壇雕刻纖細和天花板畫美輪美奐的聖母無原罪大教堂
3：被高度約30m丘陵覆蓋的神祕大地——巧克力山

遍佈目眩神迷的白砂沙灘

② 邦勞島
Panglao Island

和薄荷島以橋樑相互連結的島嶼。以優美的阿羅那海灘為中心，豪奢的度假村飯店正逐漸增加。能在大海進行潛水，或觀賞鯨魚和海豚。

1：綿延於島嶼南部的阿羅那海灘→P76
2：阿羅那海灘擁有眾多餐廳和酒吧→P76
3：矗立於高處的阿莫里塔度假村→P79

FANTASTIC

宿霧

↑往宿霧港

卡莫特斯海

宿霧海峽

• Talibon

• Buenavista

Trinidad

• Ubay

San Miguel •

• Tubigon

• Mabini

• Calape

① 薄荷島

• Loon

Carmen •

• Sierra Bullones

• Guindulman

羅伯克河

• Bilar

Duero •

• Garcia Hernandez

塔比拉蘭港

• 塔比拉蘭

• 羅伯克

Jagna •

薄荷-
邦勞國際機場

② 邦勞島

• Loay

• Valencia

阿羅那海灘

N

0   20km

ACCESS

前往薄荷島的交通方式

馬尼拉每天有2班以上的直飛班機前往薄荷-邦
勞國際機場，需1小時30分左右。從宿霧的宿
霧港每天有14班船前往塔比拉蘭港，需1小時
30分。從薄荷-邦勞國際機場前往邦勞島的阿
羅那海灘車程約10分。從港口前往阿羅那海
灘車程約30分。可利用飯店的接送車或計程
車。若是搭乘計程車從薄荷島前往邦勞島，則
會多收回程的費用。

連結宿霧港和塔比拉蘭港的高速船

在絕美的
沙灘度假！

在薄荷島的交通方式

觀光客建議搭乘飯店固定費用的計程車、招呼
路上的計程車，或是利用附駕的租車服務較為
心安。在塔比拉蘭市區或是阿羅那海灘周邊要
移動時，也能利用摩托車旁追加座位的三輪
車，但搭乘前請事先議價。

睡午覺♪

穿梭來往於港口周邊的三輪車

從薄荷島能一日來回的迷人島嶼
薄荷島 1Day行程

若是想徹底遊玩受惠於雄偉自然的薄荷島，
建議參加從宿霧出發的1日行程。除了欣賞美景外，
樸素的島內風景、可愛動物以及歷史等，
能接觸到島嶼多采多姿的面貌。

巨大的椰子樹讓人感受滿滿的南國風情

6:30 從飯店出發

出發前往港口。接送時間因住宿飯店有所不同，請確認好集合時間！

前往薄荷島的高速船，
1日運行超過10班航班

12:45
羅伯克河遊船
享用午餐

在流經島嶼內陸的羅伯克河上，享受悠閒的遊船觀光。午餐享用美味的菲律賓菜。

1：欣賞緩緩水流的羅伯克河風景，品嘗美味的菲律賓菜自助餐
2：羅伯克河兩岸為蓊鬱的叢林。各處分布著聚落，可見到孩童於河邊戲水的景象
3：在簡單的雙體船上悠閒放鬆。船內因從世界各國造訪的觀光客而熱鬧非凡

11:45 ··· 6:30 ·········· 12:45 ·········· 14:20

11:45
抵達薄荷島

高速船從宿霧市區的港口出發，約2小時抵達薄荷島的塔比拉蘭港。請注意船內較為寒冷。

1：從塔比拉蘭港搭車前往位於內陸的巧克力山，出發！
2：港口周邊有商店，機車加裝車頂的三輪車來往四周

周圍是樸素的港城♪

// LET'S GO! \\

14:20　觀光焦點❶
邂逅世界最小的
原始猴——眼鏡猴！

參觀在保護區飼養的眼鏡猴。壽命為10～20年的長壽動物，1年僅能生產1隻幼猴。

1：保護區為免費參觀，而在區域內設有募集飼料費的募款箱
2：因森林破壞和違法盜獵，而瀕臨絕種的原始猴——眼鏡猴。個性膽小所以禁止使用閃光燈！
3：眼鏡猴的正式名稱為Tarsiidae。體長約10cm，以蟋蟀等昆蟲為主食

眼鏡猴保護區
Tarsier Conservation Area
MAP附錄P3C4
⊗塔比拉蘭港車程1小時10分　⊕ Loay Interior Rd., Loboc ⌚8～17時 ⊗無 ⊕免費

由於是夜行性動物，所以白天愛睡覺…

wonderful!

絕對不能
忘記要自拍♪

1 **2**

15:15 觀光焦點**2**

巧克力山的
自然美景震懾人心

薄荷島內陸區域有著約30m高丘陵連綿的夢幻景色。雨季時，鮮綠的巧克力山也是美不勝收。

1：超過1000座石灰岩丘陵連綿的巧克力山，是世界僅有的珍貴奇景
2：從瞭望台能拍攝到綿延至地平線的美景。乾季時山丘會呈現咖啡色

17:20

前往令人遙想歷史
的血盟紀念碑

菲律賓首屆總督萊加斯皮和薄荷島酋長錫卡圖納在此交杯的紀念碑。

建造於能眺望大海的高處，因是良好的觀景點而聞名

血盟紀念碑
Blood Compact Site

MAP 附錄P3B4 ⊗塔比拉蘭港車程20分 ⊕Tagbilaran East Rd., Tagbilaran City ⊕ 24 小時 ㊡無 ㊎免費

| 15:15 | 16:40 | 17:20 | 18:30 | 21:30 |

16:40

參觀莊嚴肅穆的
聖母無原罪大教堂

建造於1595年，為薄荷島最古老的教堂。教堂內的祭壇有著精巧的裝飾。

光線投射入內的夢幻景色

18:30

從薄荷島出發

從塔比拉蘭港搭乘高速船前往宿霧。高速船的座位於購買乘船券時便會決定好號碼。

21:30

抵達飯店

由於時間已晚，就在飯店的餐廳享用晚餐。

※從宿霧的港口提供接送。到達時間依飯店不同

聖母無原罪大教堂
Baclayon Church

MAP附錄P3B4 ⊗塔比拉蘭港車程30分 ⊕ B a c l a y o n , Tagbilaran East Rd., Tagbilaran City ⊕8〜17時 ㊡無 ㊎50P(10歲以下免費)

厚重的祭壇、柱子的雕刻和天花板的壁畫等表現出工匠精湛的技藝。做彌撒時則謝絕參觀

展現莊嚴姿態的石造教堂。古老的外觀為歷史的證明

TOUR DATA

薄荷島
1日觀光行程

1日巡遊薄荷島觀光景點的熱門行程。包含美景和觀察動物等，內容豐富紮實。

所需時間 約12小時 (6時30分出發)。2人以上成行 ㊎US$120 (包含午餐、導遊、入場費、高速艇和接送服務) ㊫ PTN Travel→P65 ㊐

目前最受各界矚目的亞洲度假區域

在阿羅那海灘 從早到晚 南國風情♪

綿延於邦勞島南端的阿羅那海灘，不僅有美麗沙灘和大海，
更是還能享受咖啡廳和夜生活的火紅話題區域。徹底遊玩被椰子樹覆蓋的南國樂園吧！

蘇打色的大海超棒！

1

🕑14:30

在白砂海灘悠閒放鬆

全長約500m的阿羅那海灘最適合悠閒地散步。沙灘沿岸有著餐廳和酒吧，也可見到招攬按摩服務的阿婆們。

阿羅那海灘 ｜MAP｜附錄P7B1

阿羅那海灘 Alona Beach

🕑8:30

在巴里卡薩島浮潛

巴里卡薩島距離阿羅那海灘船程約40分，是世界知名的潛水景點。潛入擁有美麗珊瑚礁與魚群的大海吧。

巴里卡薩島

巴里卡薩島 Balicasag Island

｜MAP｜附錄P3B4 ⏱所需時間 4小時 💰巴里卡薩島行程約1～3位8500P，每追加1人多1700P（包含浮潛裝備）✈Emerald Green Diving Center薄荷島店 🏠Brgy. Bohol, Panglao ☎0998-983-8387 🕐8～17時 🚫無 ｜URL｜www.emeraldgreen.info 英

1：藏身於海葵中的公子小丑魚
2：覆蓋海底的硬珊瑚令人驚嘆！

1：白砂耀眼的海灘
2：從淡藍逐漸轉變為深藏青色的美麗漸層 3：販售水果的攤販

3

🕑13:30

在海灘邊享用午餐！

休閒度假村的沙灘餐廳位於阿羅那海灘正中央。除了菲律賓式炒麵230P等菲律賓菜外，還提供德國菜。

阿羅那海灘

Pyramid Restaurant

｜MAP｜附錄P7B2 ✈阿羅那海灘內 🏠Alona Beach, Tawala, Panglao ☎038-422-8531 🕐6時～22時30分（酒吧為～翌1時）🚫無 英 英

1：附設於德國出資的老字號渡假村飯店
2：放入大隻蝦子的Sinigang酸湯425P

2

1

活力餐盤
為250P！

⏰15:30

適合在社群網站上曬照的養身咖啡廳

提供素食餐點的咖啡廳＆餐廳。外觀華麗的活力餐盤有著滿滿的水果。漢堡中央的內餡是用豆類所做成。

阿羅那海灘
Shaka

MAP 附錄P7A2　⊗阿羅那海灘步行5分　⊕Ester Lim Dr., Tawala, Alona Beach, Panglao　☎0929-159-8525 ⊛7時～22時30分 ㊡無 英 英

滿滿的水果♪

左：日落時分待在吧檯
上：阿羅那日落景色240P

⏰17:00

在沙灘酒吧乾～杯

阿羅那海灘有著眾多的餐廳和酒吧，每家店的氛圍都平易近人。眺望夕陽映照的海灘度過最幸福的時刻。

阿羅那海灘
Oasis Resort Restaurant

MAP 附錄P7B2　⊗阿羅那海灘內　⊕Alona Beach, Tawala, Panglao ☎038-502-9083 ⊛9～23時（22時30分 L.O.）㊡無 英 英

⏰17:30

以染紅的天空為背景拍照留念☆

雖然從阿羅那海灘無法見到日落，但天空從藍色轉變為深紅的景色美不勝收！螃蟹船漂浮於寧靜的海灘，流淌著南國風情。

陶醉於色彩變換的天空♥

沙灘沿岸遍布著餐廳

水面染紅的日落時分是一天當中最安詳的時刻

⏰18:00

螢火蟲夢幻紛飛令人讚嘆！

能從船上欣賞集結於薄荷島阿巴坦河上的螢火蟲。密集的螢火蟲之光浮現在黑暗的紅樹林中。

薄荷島
阿巴坦河賞螢火蟲
Abatan River Firefly Watching

MAP 附錄P3B3　所需時間 2小時30分 金 US$100（含接送）。含晚餐則為US$120 ㊡PTN Travel→P65 英

左：螢火蟲會聚集在特定的紅樹林中
下：約45分的遊船

⏰20:30

晚餐享用現代風菲律賓菜

雖是美食街的餐廳，但主廚所推出的現代風菲律賓菜品質絕佳，備受好評。在此能邂逅外觀華美的嶄新菲律賓佳餚。

阿羅那海灘
Pilya！Basta Cuisine

MAP 附錄P7A2　⊗阿羅那海灘步行3分　⊕4 Uptown In, Alona Beach Rd., Tawala, Panglao ☎038-427-1072 ⊛12時～22時30分 ㊡無 英 英

右：共有韓國菜等8間店鋪
下：烤蝦385P和菲式醬醋牛315P等優秀的菜色

融於綠意中的奢侈隱世飯店

薄荷島 自然豐沛的度假村飯店
—— Bohol Island Resort Hotel ——

薄荷島的度假村飯店集中於塔比拉蘭港周圍和邦勞島。
尤其邦勞島南邊有著為數眾多能享受到優美沙灘的飯店。

Natural

樂園Point!

24棟的頂級Villa
在寬闊的飯店腹地內僅
有24棟Villa。在具特別
意義的假日，最適合在
此度過奢侈的時光。

全部客房
皆附設泳池的豪奢Villa

1

邦勞島

艾絲卡亞
海灘度假村
Eskaya Beach Resort & Spa

矗立於繽紛花園的24棟Villa，全都設有
泳池且建築優美。椰子葉的屋頂和使用竹
子的浴室等，引進傳統建築要素的客房舒
適易居。

MAP 附錄P3B4 ⊗薄荷-邦勞國際機場車程10分
⊕Brgy., Tawala, Panglao Is., Bohol
☎038-502-9516 ⊛DeluxeVilla US$530
～、無邊界泳池Villa US$830～、Grand Villa
US$960～等 客房數 24間
URL www.eskayaresort.com

🔒❄🚿🍴🛁🌊🔆💈🛏🚻SR🛀☕

主要設施和服務 戶外泳池、SPA、按摩浴缸、託嬰
服務
餐廳&酒吧 Lantawan Restaurant（多國菜）

1：充滿隱私感的花園景觀Grand Villa
2：僅有住客能造訪的寧靜沙灘
3：Deluxe Villa使用帶有溫度的天然材質
4：從高處能遠眺水平線的泳池
5：擁有寬敞護理房的SPA

建造於白砂沙灘的南國空間

薄荷海灘俱樂部度假村
Bohol Beach Club

矗立於薄荷島最美沙灘的老字號度假村。客房為使用西班牙風磁磚的殖民地式造型建築。

MAP附錄P3B4 ⊗薄荷-邦勞國際機場車程30分 ⊕Bo. Bolod, Panglao Is., Bohol ☎038-411-5222 ⊛Deluxe房11000P～、Beach View大套房20000P～等 客房數88間 URL www.boholbeachclub.com.ph

主要設施和服務 戶外泳池(3)、商務中心、24小時客房服務
餐廳&酒吧 Budyong(義大利菜)、 Agotata(多國菜)、 Taklobo(酒吧)

樂園Point!
白砂沙灘數步可及
只有位於沙灘的度假村飯店，才能從客房步行即到沙灘！

1：被椰子樹和花草圍繞的3座泳池
2：大套房的大床房

阿羅納海灘赫納度假村
Henann Resort Alona Beach

擁有3座泳池和400間客房的大型飯店。有從陽台便能進入泳池的客房，以及附設私人泳池的Villa。

MAP附錄P7B1 ⊗薄荷-邦勞國際機場車程30分 ⊕Alona Beach, Tawala, Panglao Is., Bohol ☎038-502-9141 ⊛Deluxe房10752P～、Premium房12096P～、Premium with Direct Pool Access 15188P～等 客房數400間 URL henann.com/bohol/henannalonabeach/

主要設施和服務 戶外泳池(3)、SPA、按摩浴缸、健身房、商務中心、託嬰服務、無線網路服務
餐廳&酒吧 Coral Cafe(菲律賓菜)、Christina's(多國菜)、Sea Breeze Beach Club(多國菜)、Pool Bar(酒吧)

薄荷島最大規模的
現代風度假村

樂園Point!
阿羅那海灘近在眼前
飯店前方為阿羅那海灘，能輕鬆散步至海灘。也方便前往餐廳和酒吧。

1：眺望阿羅那海灘的主要泳池
2：摩登造型的Deluxe房

俯瞰阿羅那海灘的絕佳地點

阿莫里塔度假村
Amorita Resort

位於阿羅那海灘東側，走下樓梯前往沙灘僅需數分。客房以白色為基調，空間設計簡單又舒適。

MAP附錄P7B1 ⊗薄荷-邦勞國際機場車程10分 ⊕Alona Beach, Brgy., Tawala, Panglao Is., Bohol ☎038-502-9003 ⊛Deluxe房10800P～、Junior大套房20000P～、Pool Villa 44000P～等 客房數98間 URL www.amoritaresort.com

主要設施和服務 戶外泳池(2)、SPA、按摩浴缸、商務中心、託嬰服務、24小時客房服務
餐廳&酒吧 Saffron Restaurant(多國菜)、Tomar Tapas×Bar (西班牙菜)、Lobby Lounge

---

樂園Point!
阿羅那海灘一覽無遺
從迎賓櫃台前的花園俯瞰描繪平滑弧線的阿羅那海灘

1：位於高處的無邊界泳池
2：配置國王尺寸床鋪的大套房

遠離喧囂的
大人專屬度假村飯店

樂園Point!
寧靜的避世度假村
位於度假村飯店較少的區域，
所以充滿著被豐沛自然圍繞的
隱密感。

1：面向海灘，寬敞開放的泳池
2：異國摩登風的客房

邦勞島

貝爾維尤度假村
The Bellevue Resort

飯店位於和阿羅那海灘相反方向的都吼海灘。在融合傳統和現代的特色客房休息放鬆。

MAP 附錄P3B4 ⊗薄荷-邦勞國際機場車程15分 ⊕Brgy., Doljo, Panglao Is., Bohol ☎038-422-2222 ⊛Superior房16000P～、Deluxe房16500P～等 客房數 155間 URL www.thebellevuebohol.com

主要設施和服務 戶外泳池、按摩浴缸、按摩服務、商務中心、託嬰服務、無線網路服務
餐廳&酒吧 Lamian World Cuisine（多國菜）、Marea Al Fresco Dining（海鮮料理）、Flujo Bar（酒吧）

邦勞島

邦勞海灘藍水度假村
Bluewater Panglao Beach Resort

在麥克坦島和蘇米龍島也設有度假村的自然風飯店。客房為沉穩米白統一色調的舒適空間。

MAP 附錄P3B4 ⊗薄荷-邦勞國際機場車程15分 ⊕Brgy., Danalo, Panglao Is., Bohol ☎038-416-0702 ⊛Premium Deluxe 8000P～、Family Loft 15000P～、單床房Villa 15000P～等 客房數 54間 URL www.bluewaterpanglao.com.ph

主要設施和服務 戶外泳池（2）、SPA、商務中心、兒童遊樂場
餐廳&酒吧 Aplaya（多國菜）、baroto（酒吧）

椰子葉的陽傘
更加突顯度假村氣氛

樂園Point!
同時享受大海與自然！
飯店位於綠意盎然的山丘上，下樓梯後便能前往海邊。能同時享受花園和大海。

1：由於離大海較遠，所以飯店內保有寧靜
2：橫長空間的Premium Deluxe

矗立於高處的
閑靜花園度假村

樂園Point!
前往絕佳氣氛的酒吧
在附設酒窖的酒吧和提供雪茄的雪茄娛樂廳，度過專屬大人的假期

1：設備古董家具的Deluxe Sea View
2：能欣賞美景的泳池

薄荷島

薄荷島孔雀園
The Peacock Garden

從山丘上眺望大海的西式建築飯店。館內裝飾著古董家具和古董品，尤其是餐廳的氛圍絕佳。

MAP 附錄P3B4 ⊗薄荷-邦勞國際機場車程35分 ⊕Upper Laya, Baclayon, Bohol ☎038-539-9231 ⊛Deluxe Sea View 10800P～、Premium Infinity Sea View 12750P～、大套房15000P～等 客房數 40間 URL thepeacockgarden.com

主要設施和服務 戶外泳池（2）、SPA、按摩浴缸、健身房、託嬰服務
餐廳&酒吧 Laya Restaurant（多國菜）、Wine Cellar（酒吧）、Cigar Bar（酒吧）

長灘島

Boracay Island

菲律賓首屈一指的白砂沙灘

是包裹腳丫簌簌的細柔粉砂。

在將沙灘一覽無遺的度假村飯店休憩放鬆。

長灘島 區域NAVI

因淺水域寬廣的大海和純白沙灘而聞名的長灘島，是南北7km，東西2km的細長島嶼。
西海岸綿延約4km的白沙灘（White Beach），是飯店、餐廳和酒吧的雲集之地。

長灘島的必做事項 BEST 3

1 在白沙灘休閒放空

徹底享受長灘島的代名詞——白沙灘！尤其夕陽西下的景色，美得難以言喻。

2 在社群網站上曬照！美人魚裝扮照（→P85）

以瑰麗碧海為舞台，扮成美人魚拍照留念。泳技好的人就來拍張人魚水中游的美照吧！

3 在極品大海潛水（→P84）

在遍布珊瑚礁的繽紛碧海潛水是潛水愛好者的憧憬。從潛水體驗開始挑戰看看吧。

在世界最頂級的白砂沙灘度假

① 白沙灘周邊
White Beach

以粉砂的沙灘聞名國際。從超過300間客房的大型度假飯店到僅有數間客房的平房旅社等，幾乎所有度假村飯店皆位於此區域。

1：在位於海灘沿岸的度假村飯店酒吧放鬆歇息
2：眺望水平線的極致幸福時光

\\ BLUE! //

2

錫布延海

② 北部

班乃島 ③

卡提克蘭機場 ✈

長灘島

① 白沙灘周邊

卡格班港

南 海

0　　　　1km

N

未經人工雕琢沙灘綿延的隱密隔世區域

1

② 北部
North Area

在森林環繞的丘陵地帶，分布著數間極度私密的避世度假村飯店。
擁有令人目眩神迷的純白普卡沙灘和神祕洞窟。

2

1：夢幻湛藍的絕美水晶洞窟→P86　2：島內最高級的飯店─香格里拉酒店→P88

登上長灘島的入口處

③ 班乃島
Panay Island

長灘島的天空玄關口是隔壁的班乃島。擁有卡提克蘭機場和卡利博機場，其中以卡提克蘭機場前往長灘島的交通較為方便。

以菲律賓第6大島
廣為人知

ACCESS

前往長灘島的交通方式

由於長灘島沒有機場，所以一般是從南方班乃島的卡提克蘭機場或卡利博機場前往。若是使用卡提克蘭機場，則是搭乘三輪車約5分前往螃蟹船乘船處。乘船費用以去程150P，回程75P為標準。若是使用卡利博機場，則是搭乘巴士約2小時抵達卡提克蘭。接著再搭乘螃蟹船前往長灘島。巴士和乘船的費用以單程300P為標準。

在長灘島的交通方式

移動的主要方式為在機車旁添加座位的三輪車。在白沙灘的飯店之間移動，費用以50P為標準。近距離的移動以在自行車旁添加座位的人力三輪車最為方便。費用依距離和行李量不同，以50～100P左右為標準。

由於天氣炎熱
所以短距離也
可利用三輪車
移動

5天4夜！
經典行程

推薦在優美的沙灘進行
戶外活動！依轉機的時間，
有可能行程前後需在
馬尼拉過夜。

1day

13:15　住宿馬尼拉

2day

8:00　抵達**長灘島**

9:00　在**白沙灘**
　　　休閒放鬆

12:00　品嘗**菲律賓菜**
　　　午餐

14:00　必拍
　　　美人魚照！

18:00　手持雞尾酒在酒吧
　　　欣賞夕陽

20:00　晚餐享用
　　　生猛海鮮

3day

9:00　進行**潛水體驗**
　　　探險大海

13:00　在**咖啡廳**
　　　品嘗爽口午餐

14:00　體驗
　　　立槳衝浪

17:00　在**SPA**享受極致
　　　幸福時光

19:30　飯店自傲的
　　　羅曼蒂克晚餐

4day

9:00　在**飯店泳池**
　　　悠閒放鬆

13:00　從長灘島出發

14:00　從卡提克蘭機場出
　　　發，於馬尼拉住宿

5day

07:25　搭機回台

在大海享受美景拍照♡

在陸·海·空
暢玩戶外活動

宛如寶石般耀眼閃爍的大海、
目眩神迷的白砂，以及生氣盎然的
熱帶雨林。從陸地到天空，
將長灘島的豐沛自然徹底玩翻！

我在海葵
裡面喔～

受到珊瑚守護
的熱帶魚天堂

Ⓐ Ⓑ Ⓒ
水肺潛水

潛水體驗3000P～（含器材租借費）

在滋養豐富的長灘島大海，潛水是熱門的
活動。藉由潛水體驗，任何人都能進入優
美大海的世界。起身前往邂逅滿布珊瑚的
海底和水中漫舞的魚群吧！

體力	★★★★☆
預算	★★★★☆
經典度	★★★★★

1：珊瑚裙礁是由多種
珊瑚覆蓋的魚類天堂
2：搭乘螃蟹船前往潛
水地點
3：有可能遇見海龜或
洄游魚群等壯觀的海
景

Ⓐ Ⓒ
高空飛索

2500P（1小時、1名以上舉行）

從島內最高處的魯厚山，
身體吊於鋼索有如飛行般
向下滑行的極度刺激戶外
活動。能欣賞到碧綠叢林
和湛藍大海的暢快體驗。

體力	★☆☆☆☆
預算	★★★★☆
暢快度	★★★★★

左：回程則是搭乘纜車返回
下：欣賞美景的同時，一口氣向下滑行
的爽暢體驗

享受速度感的美景滑行

放膽地向下跳～躍

速度感和
刺激度超讚！

Ⓐ Ⓑ Ⓒ

• 美人魚裝扮體驗

30分方案1000P、1小時方案2000P、3小時方案3500P

以優美大海和沙灘為背景，拍攝美人魚的扮裝美照。最受歡迎的是穿著美人魚尾鰭游泳的1小時方案。另有僅攝影拍照的30分方案，以及前往海灣游泳3小時的方案。

體力 ☆☆☆☆☆
預算 ★★★☆☆
適拍美照度 ★★★★★

> 留做旅途回憶的雙人合照♪

將優美大海和沙灘拍進來的紀念照！

beautiful

*絕對是最適合在社群媒體站上發布的美人魚照

上：事先在腦海勾勒出要擺怎樣的姿勢！
右：會潛水者也能在水中拍照

Ⓐ Ⓒ

• 直升機遊覽

體力 ★☆☆☆☆
預算 ★★★★★
美景度 ★★★★★

7450P（15分。2名以上成行）

搭乘直升機約15分，遊覽長灘島周邊的美景行程。從空中俯瞰，純白的海砂和有如寶石般耀眼的潟湖美得令人嘆為觀止。日落時分也值得推薦。

> 空中所見的海岸線令人感動！

1：搭乘大片窗戶的直升機遊覽
2：和機長能以耳機交談

> 珊瑚裙礁美得讓人讚嘆！

Ⓐ Ⓒ

• 立槳衝浪

500P（1小時。含器材租借費）

暱稱為SUP，越來越受歡迎的戶外運動。站在衝浪板上，划動船槳在水面上移動。由於不使用電動引擎，所以聽到的只有海浪聲和划槳聲。

> 能近距離接觸大海的療癒時光

體力 ★★☆☆☆
預算 ★☆☆☆☆
話題度 ★★★★★

> 在水面滑行前進，心情舒暢♪

1：在安穩大海上划海上獨木舟的活動也很受歡迎
2：由於衝浪板具有浮力，出乎意料地能輕鬆站立

在此報名參加戶外活動

Ⓐ Island Staff
日本人經營的潛水店鋪。還提供訂飯店和機票等長灘島旅行的完整協助！
MAP 附錄P7B4
Station 3 Angol, Boracay ls., Malay, Aklan ☎ 036-288-3316 URL diveshop-islandstaff.jp ※日、英文對應

Ⓑ Victory Divers
網羅長灘島全域的潛水店鋪。美人魚體驗大受歡迎。
MAP 附錄P7B4
Station 2, Boracay ls., Malay, Aklan ☎ 036-288-3209 URL diving-mermaid.info ※日、英文對應

Ⓒ Surfside Travel Service
此戶外活動公司設置在日本人經營的度假村飯店內。可協助進行海上活動或預訂觀光事項。
MAP 附錄P7B4
Station 3 Angol, Boracay ls., Malay, Aklan ☎036-288-5006 URL www.boracaysurfside.com ※日、英文對應

還有還有！
長灘島 的 備受矚目景點

餐廳、酒吧和商店等集中於
白沙灘的周邊區域。
度假村飯店也多位於沙灘沿岸。

📷 景點 ｜ 東海岸 ｜ MAP 附錄P7B3

鱷魚島
Crocodile Island

潛水的熱門地點

位於長灘島東南方的無人島。由
於形似鱷魚浮於水面而得名。島
嶼的周圍是珊瑚礁群，能見到色
彩繽紛魚群聚游的美景。大多潛
水和浮潛的行程會來到此處。
DATA ⊗Boat Station 1船程
25分

🚩 玩樂 ｜ 白沙灘周邊 ｜ MAP 附錄P7A4

D' mall

長灘島最大的娛樂景點

廣闊的腹地內進駐了約300間的
店鋪，為長灘島最大的購物&餐
飲區域。有伴手禮店、餐廳、酒
吧、按摩店和銀行等。位於中央
的D'mall Plaza內有小型的摩
天輪。
DATA ⊗Boat Station 2步行
5分 ⊕Balabag, Boracay
Is.,Malay, Aklan ☎036-288-
3408 ⊛視店鋪而異 ⊛無 英

📷 景點 ｜ 北部 ｜ MAP 附錄P7A3

普卡沙灘
Puka Shell Beach

在寧靜沙灘悠閒度假

位於長灘島北部聚落後方的隱密
沙灘。由於觀光客較少所以十分
恬靜。沙灘名稱來自普卡貝（中
間有洞的貝殼），雖然普卡貝因
為被濫採而不見蹤影，但純白的
沙灘和寶石般閃耀的碧海依舊存
在。
DATA ⊗Boat Station 1搭三
輪車20分

📷 景點 ｜ 北部 ｜ MAP 附錄P7A3

水晶洞窟
Crystal Cave

長灘島也有藍洞！

洞窟位於長灘島和班乃島之間的
Laurel島上。洞窟深處和外海
相連，陽光反射於拍擊的海浪上
形成長灘島版的「藍洞」。島內
設有餐廳，行程間暇時不妨多加
利用。DATA ⊗Boat Station
1船程20分⊛6~17時⊛無⊛
200P

🍴 美食 ｜ 白沙灘周邊 ｜ MAP 附錄P7A4

True Food

品嘗正統的辛辣咖哩

主廚製作的咖哩445P～，帶有
多種辛香料的正宗滋味。添加堅
果和番茄等提味，能品嘗到辛辣
中帶有醇和的滋味。DATA ⊗
Boat Station 2步行3分 ⊕
Balabag, Boracay Is.,
Malay,Aklan ☎036-288-
3142 ⊛12~22時 ⊛無 英
英

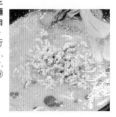

🍴 美食 ｜ 白沙灘周邊 ｜ MAP 附錄P7B4

Boracay Tantan Men

在長灘島享用美味的拉麵！

擔擔麵180P是綜合芝麻、花生
和味噌的正統滋味。豚骨拉麵
180P、醬油拉麵150P、滿滿肉
餡的煎餃80P等也很美味。
DATA ⊗Boat Station 3步行
5分 ⊕Sitio Ambulong,
Mauoc-Manoc, Malay,
Aklan☎036-288-9108 ⊛
11~22時 ⊛無 英 英

上：走過大門後可見餐廳等設施
下：照射入內的陽光反射於海水，形成洞窟內藍色的夢幻場景

🍴 美食　｜白沙灘周邊　　　　MAP 附錄P7A4

Smoke
24小時營業的菲律賓菜餐廳

位於D'mall一隅，在Station3旁不顯眼的創作亞洲菜餐廳。使用大量大蒜的獨特滋味廣受好評。CP質高所以常見在地的死忠顧客。

DATA ⊗D'mall內 ⊕Balabag, Boracay Is.,Malay, Aklan ☎036-288-6014 ⏰24小時 ㉠無 🈂🈁

🛍 購物　｜白沙灘周邊　　　　MAP 附錄P7B4

D' Talipapa
最適合在此採買伴手禮

從Boat Station2前往長灘島主要街道時，途中會見到的市場。光是閒逛朝氣蓬勃的生鮮市場就很好玩。能以低廉價格購買到經典款T恤。

DATA ⊗Boat Station 2步行5分 ⊕Balabag,Boracay Is.,Malay, Aklan ⏰視店鋪而異 ㉠無 🈂

🍴 美食　｜白沙灘周邊　　　　MAP 附錄P7A4

Valhalla
牛排大獲好評的餐廳

美式氛圍的牛排餐廳。菜單主要提供雞肉、海鮮和牛排。牛排為800P～，菲力牛排最受好評。

DATA ⊗Boat Station 3步行15分 ⊕Unit 111 Phase 4 D'mall Boracay Is., Balabag, Malay, Aklan ☎036-288-5979 ⏰11～23時 ㉠無 🈂

🛍 購物　｜白沙灘周邊　　　　MAP 附錄P7A4

Nothing But H2O
時髦的海灘服飾應有盡有

經營理念是和全世界的人分享菲律賓的夏天生活型態。由於能在此找到符合島嶼氣候的泳裝與度假村穿著，不妨第一天就來此採買行頭吧。

DATA ⊗D'mall內 ⊕Stall 15-17 D'mall D'Boracay Phase 4 Balabag, Malay, Aklan ☎036-288-5942 ⏰9～22時 ㉠無 🈂🈁

🏨 住宿　｜白沙灘周邊　　　　MAP 附錄P7A4

長灘島拉索利德飯店
Le soleil
地中海風格的爽朗飯店

距離Boat Station步行數分，位於白沙灘中最熱鬧方便的地點。面對沙灘道的入口雖狹窄，但腹地深長，泳池和酒吧也一應俱全。彩色玻璃和拱門般的大門等，處處可見精緻的地中海風格設計。建議入住Deluxe等級以上的客房。

DATA ⊗Boat Station 2步行3分 ⊕Boat Station 2, Boracay Is., Malay, Aklan ☎036-288-5709 ㉛Deluxe房6000P～、Superior Deluxe房7000P～、Junior大套房8000P～等 客房數 76間 主要設施和服務 餐廳、酒吧、戶外泳池、商務中心、健身房 URL www.lesoleil.com.ph

客房以度假村風格的流行色彩妝點。靠海邊的客房能從陽台見到白沙灘

🏨 住宿　｜白沙灘周邊　　　　MAP 附錄P7A4

長灘島兩季度假村
Two Seasons
步行即到海灘的小型度假村

面對白沙灘的休閒風格精品度假村。除了沙灘外，還能輕鬆步行抵達熱鬧的市中心，地點便利是此飯店魅力所在。以泳池為中心周圍設立客房樓的簡單設計，客房內統一為時尚流行的裝潢。由於是菲律賓飯店品牌，所以能見到不少來自當地的房客。

DATA ⊗Boat Station 1步行5分 ⊕Boat Station 1, Boracay Is., Malay, Aklan ☎036-288-4384 ㉛標準房6710P～、Deluxe房7930P～、Junior大套房9760P～、家庭大套房21960P～ 客房數 34間 主要設施和服務 餐廳、酒吧、戶外泳池 URL twoseasonsresorts.com/boracay

以白色為主軸，沉穩色調裝潢的Junior大套房。配備沙發和矮桌，能在此度過悠閒的時光

長灘島 白砂沙灘度假村
—— Boracay Beach Resort ——

以綿延於西側的白沙灘為中心,大大小小的度假村飯店密集座落於此。
在分布於島嶼北部的隱密度假村,則能在恬靜的海灘度過與世隔絕的悠閒假期。

位於自然保護區
島內首屈一指的高級飯店

Nice View

樂園Point!

美景餐廳!
在種類豐富的餐廳和酒吧中最為頂尖的是矗立於山丘上的「Sirena」。欣賞美景的同時能品嘗到新鮮的海鮮。

1

[Yapak]

香格里拉
長灘島度假酒店
Shangri La's Boracay Resort&Spa

座落於北部寧靜海灣的豪奢飯店。能在小小海角兩旁的2座沙灘悠閒放鬆。採取傳統設計裝潢的客房,Deluxe房也有60㎡的寬敞面積

[MAP]附錄P7A4 ⊗卡提克蘭機場(從馬尼拉坐飛機1小時)搭車和船15分 ⊕Barangay Yapak, Boracay Is., Malay, Aklan ☎036-288-4988 ⊛Deluxe房18800P~、Deluxe Sea View20800P~、Seaview大套房30800P~、樹屋Villa34800P~等 [客房數]219間 [URL] www.shangri-la.com/cn

[主要設施和服務]戶外泳池(2)、SPA、按摩浴缸、健身房、商務中心、24小時客房服務、兒童遊樂場、無線網路服務
[餐廳&酒吧]Sirena(海鮮)、Rima(義大利菜)、Vintana(多國菜)等

1:沙灘從海角南北兩方綿延 2:從附有按摩浴缸的露台欣賞美景
3:綠意覆蓋、沉穩氛圍的泳池 4:Deluxe Sea View陽台的視野景觀良好
5:在頂級療癒哲學的CHI SPA享受極致幸福的護理療程

高品質的待客服務是
旅客舒適住宿的基礎

1

長灘島
探索海灘度假村

Discovery Shores Boracay Island

位於白沙灘北端，能徒步走到鬧區且地點寧靜是此飯店的魅力所在。摩登設計的客房舒適易居，能欣賞到大海的餐廳和酒吧更是頂級水準。

MAP 附錄P7A4 ⊗卡格班港車程25分 ⊕Station 1, Balabag, Boracay Is., Malay, Aklan ☎ 036-288-4500 ⊕Junior大套房15860P～、單床大套房19154P～、單床大套房Premier 21350P～ 客房數88間 URL www.discoveryshoresboracay.com

主要設施和服務 戶外泳池、SPA、24小時客房服務、無線網路服務
餐廳&酒吧 Indigo（地中海菜）、Sands（菲律賓菜）等

樂園Point!

海灘近在眼前的餐廳！

餐廳「Platitos」將桌椅擺設在臨近碧海的沙灘上。

2

3

1：客房樓環繞著游泳池
2：能品嘗到優質地中海菜的Indigo
3：客房是簡單的摩登設計

赫南麗晶
Spa度假村

Henann Regency Resort&Spa

設有活用曲線設計的泳池和兒童泳池等4座游泳池，客房樓環繞於四周。餐廳和酒吧等館內設施應有盡有，舒適快活。

MAP 附錄P7B4 ⊗卡格班港車程20分 ⊕Balabag,Boracay Is., Malay, Aklan ☎036-288-6111 ⊕Superior房8100P～、Deluxe房9520P～等 客房數302間 URL henann.com/boracay/henannregency

主要設施和服務 戶外泳池（4）、健身房、商務中心、24小時客房服務、無線網路服務
餐廳&酒吧 Sea Breeza Cafe（多國菜）、MESA（菲律賓菜）、Christina's（義大利菜）、Hap Chan（中菜）等

地點絕佳的時髦飯店

1

樂園Point!

餐廳和酒吧應有盡有

位於熱鬧的沙灘道正中間，周邊散布著餐廳和咖啡廳。夜生活也值得期待。

2

3

1：排列於沙灘上的海灘椅
2：皇家大套房從床上就能見到海
3：附按摩浴池的游泳池

能度過沉靜時光的精品度假村

長灘島
文華海島飯店
Boracay Mandarin Island Hotel

位於步行即到店鋪雲集的D'mall的絕佳位置。地中海風格建築有著淡鮭紅色的外牆和紅色的三角屋頂，令人印象深刻。可在摩登裝潢的客房內悠閒地度假。

MAP附錄P7A4 ⊗卡格班港車程20分 ⊕Beachfront, Station 2, Boracay Is., Malay, Aklan ☎036-288-3444 ⊛Deluxe 房10000P～、Premium Sea View 11500P～ 客房數52間 URLwww.boracaymandarin.com

主要設施和服務 戶外泳池、SPA、商務中心、無線網路服務
餐廳&酒吧 Don Vito（海鮮&義大利菜）、Bucos Bar（酒吧）、Don Vito Gelato（咖啡廳）

樂園Point!

在飯店自傲的SPA療癒身心

在「Mandarin SPA」有習得Hilot等各國技術的治療師恭候大駕。

1：從客房步行即到沙灘
2：特徵為映照於藍天的可愛外觀

長灘島區飯店
The District Boracay

椰子樹環抱的純白建築引人注目，造型流行的飯店。從飯店玄關到沙灘僅需步行數分。

MAP附錄P7A4 ⊗卡格班港車程25分 ⊕Balabag, Boracay Is., Malay, Aklan ☎036-288-2324 ⊛Deluxe 房9900P～、Premium房11000P～、Deluxe大套房16000P～等 客房數48間 URLwww.thedistrictboracay.com

主要設施和服務 戶外泳池、兒童泳池、SPA、商務中心、託嬰服務、無線網路服務
餐廳&酒吧 Star Lounge（多國菜）等

帶領旅客進入異度空間的酷炫設計

樂園Point!

景觀絕佳的餐廳

「Star Lounge」以景觀絕佳自豪，尤其從屋頂甲板所見的海景所向披靡！

1：正方設計的時尚飯店
2：極簡設計的客房

常客眾多的小型度假村

長灘島
海濱度假村
Surfside Boracay Resort&Spa

位於白沙灘南側，由日本人經營的飯店，自然風格的設施和居家感的服務廣受好評。運用洞窟打造的SPA「Yasuragi」除了房客外，也有許多一般顧客。

MAP附錄P7B4 ⊗卡格班港車程15分 ⊕Angol, Boracay Is., Malay, Aklan ☎036-288-5006 ⊛經濟房3850P～、標準房5400P～、Superior房6750P～等 客房數14間 URLwww.boracaysurfside.com

主要設施和服務 SPA
餐廳&酒吧 Nagisa Coffee Shop（菲律賓菜）

樂園Point!

在咖啡廳享用和食

「Nagisa Cafe」除了菲律賓菜外，還提供簡單的和食，受到亞洲顧客好評。

1：白沙灘的南部是寧靜的綠色環境
2：景觀優美的Junior大套房

Area4

北巴拉望
的度假村飯店

Northern Palawan

巴拉望俱樂部樂園度假村 P95

卡拉伊特島　　　昆內特拉里奧瑪度假村 P96
布桑加島
Busuanga Is.　布桑加機場
卡拉棉群島
Calamian Group　　科隆島
　　　　　　　　　Coron Is.

Culion Is.

　　　　　　　　　　　　　阿曼普蘿度假村
艾爾尼多機場
卡薩卡勞飯店 P96　　　　　Pamalican Is.
米尼洛島
愛妮島度假村 P95　羅德里格斯機場　　Quiniluban Group
潘古拉西安島　　　　阿普莉度假村 P94　Agutaya Is.
艾爾尼多度假村 P92
　　　　　　　阿普莉島
艾爾尼多拉根　　　Apulit Is.　Manamoc Is.　Cuyo
度假村 P93
巴拉望海峽　泰泰灣　Noannoa Is.　　　Cuyo Is.
Palawan　Taytay Bay　泰泰
Passage　　　　　Taytay
　　　　　　　　　　Dumaran Is.

地下河川
國立公園　　　巴拉望群島
　　　　　　Palawan Is.

南 海　　　Puerto Princesa
South China Sea
　　　　本田灣
　　　　Honda Bay

　　　　Aborlan
　　　蘇祿海
Quezon　Narra　Sulu Sea

Rizal

Bugsuk Is.

Balabac Is.

在優美珊瑚礁群集的湛藍大海，

體驗浮潛和海上獨木舟。

被豐沛的自然環抱，享受在秘境的奢侈時光♪

北巴拉望，秘境的度假村飯店
Northern Palawan Resort Hotel

巴拉望群島北側有著未經開發的自然環境，小巧舒適的度假村飯店宛如融入自然
散布其中，令人想在這隱密的世外桃源，度過奢華的時光。

充滿著豪華感！

樂園Point!

極致的純白沙灘
原為著名飯店作為沙灘俱樂部
使用的區域，正因為如此大海
和沙灘的品質皆可謂頂級。

1 炫目的白砂妝點四周

優質的度假村空間

Beautiful

潘古拉西安島

潘古拉西安島
艾爾尼多度假村
El Nido Resorts Pangulasian Island

宛如藏身於高聳的椰子樹間，摩登設計的
度假村設施櫛比鱗次。室內空間廣闊，統
一採用木製和藤製的裝潢。還有附設泳池
的Villa。

MAP P91 ⊗從馬尼拉搭國內航班往艾爾尼多機
場55分（來回10600P～14200P）。從機場搭
快速船30分 ⊕Pangulasian Is., El Nido,
Palawan ☎02-902-5934 ⊛Canopy Villa
45500P～、Beach Villa 50500P～、Pool
Villa 53500P～（附早餐）
客房數 42間 URL www.elnidoresorts.com

主要設施和服務 戶外泳池、SPA、健身房、託嬰服務
餐廳＆酒吧 Club House（多國菜）、Bar
戶外活動 潛水3800P／1次、浮潛裝備免費、風帆免
費、獨木舟免費、跳島行程免費

1：椰子樹覆蓋的舒適泳池 2：附設大型泳池的Pool Villa
3：天花板挑高的舒適Beach Villa 4：佇立於寬廣海灘的餐廳
5：海灘的美難以比擬

拉根島

艾爾尼多拉根
度假村

El Nido Resorts Lagen Island

此度假村位於拉根島——傳說美人魚曾在
島嶼海灣的岩石上休息。潟湖、海灘和花
園等，提供融入自然的4種客房。

MAP P91⊗從馬尼拉搭國內航班往艾爾尼多機
場55分（來回10600P～14200P）。從機場搭
螃蟹船45分 ⊕Lagen Is., El Nido, Palawan
☎02-902-5980㊟Forest Room 34700P
～、Water Cottage 39200P～、Forest大套
房42200P～（附早餐）客房數50間
URL www.elnidoresorts.com

主要設施和服務 戶外泳池（2）、SPA、健身房、託嬰
服務
餐廳&酒吧 Club House（多國菜）、Lobby
Lounge & Bar（酒吧）
戶外活動 潛水3000P～／1次、浮潛裝備免費、划
船免費、獨木舟免費、風帆免費

2
3

1：Water Cottage的陽台
2：景觀絕佳的餐廳
3：可搭船前往能遊玩海上活動的
Dibuluan島
4：在SPA享受傳統的Hilot按摩
5：充滿度假村氣氛的泳池

4

身心放鬆
真陶醉～

樂園Point!

心情舒暢的花園酒吧
游泳池畔有茅草屋頂的酒吧。
藤編的椅子坐起來無比舒服。

5

Relax

島嶼流傳著受到
巨岩守護的人魚傳說

在泳池享受
樂園感受♪

Nature

全客房皆為水上小木屋的
自然度假村

樂園Point!

覆蓋海底的珊瑚礁群

這裡是度假村飯店數量較少的區域，所以仍保留著許多未經人工破壞的豐沛自然。尤其珊瑚的美景更是震懾人心。

潟湖海水的透明度無可比擬！

1

阿普莉島

阿普莉度假村

El Nido Resorts Apulit Island

建造於巴拉望島東北部的樸素度假村。所有客房皆位於水上，且絕大部分位於綠松色的海灣。每天都會舉辦享受雄偉大自然的行程。

MAP P91⊗從馬尼拉搭國內航班往艾爾尼多機場55分（來回10600P～14200P）。從機場搭車和螃蟹船共2小時20分⊕Apulit Is., Taytay, Palawan ☎02-902-5994㊎Water Cottage 32500P～、Loft Water Cottage 34500P～等 客房數50間
URL www.elnidoresorts.com

主要設施和服務 戶外泳池、SPA、商務中心、託嬰服務
餐廳和酒吧 Club House（多國菜）、Lobby Lounge&Bar（酒吧）
戶外活動 潛水2700P～／1次、浮潛裝備免費、划船免費、獨木舟免費、跳島行程免費

1：風平浪靜的海灣
2：周圍分布著珊瑚礁群
3：休閒風的SPA
4：餐飲原則上是自助餐
5：2層樓的Loft Water Cottage
6：藍色磁磚的泳池

迪瑪雅島

巴拉望俱樂部樂園度假村
Club Paradise

不破壞島嶼自然所建造的自然風度假村。在潟湖有機會見到只棲息於優美海域的儒艮。

MAP P91⊗從馬尼拉搭國內航班往布桑加機場1小時。從機場搭車到馬卡邦棧橋30分，從棧橋搭船20分⊕Dimakya Is., Busuanga, Coron, Palawan ☎02-719-6977⊛Garden View房14000P～、Garden大套房15400P～等（附早餐）客房數55間
URL www.clubparadisepalawan.com

🔒❄ 👣⛱🛏🔗SR ☕

主要設施和服務 戶外泳池（2）、SPA、按摩浴缸、託嬰服務
餐廳&酒吧 Ocean Restaurant（多國菜）、Dugong Bar（酒吧）等
戶外活動 潛水US＄38～／1次、卡拉伊特島野生動物園行程3900P～、科隆島行程3800P～

**和自然融為一體
重視環保意識的度假村**

樂園Point!

宛如非洲的景色!?
鄰近的卡拉伊特島能見到放養的長頸鹿和斑馬的生活姿態！

1：度假村中心為融入自然景色的泳池
2：簡單裝潢的客房舒適易居
3：寬敞開放的Ocean Restaurant

**五彩繽紛，花朵恣意綻放的
樂園度假村**

樂園Point!

群集於棧橋的熱帶魚
色彩繽紛的魚群悠游，偶爾能遇見大型的洄游魚。

1：沿著斷崖而建的水上Villa
2：能眺望大海的Deluxe Sea View
3：椰子葉屋頂的海灘酒吧

米尼洛島

米尼洛島
愛妮島度假村
El Nido Resorts Miniloc Island

飯店佇立於寧靜海灣，除了餐點之外，也能免費享受到戶外活動和旅遊行程。水上小木屋最受住客青睞。

MAP P91⊗從馬尼拉搭國內航班往艾爾尼多機場55分（來回10600P～14200P）。從機場搭螃蟹船40分⊕Miniloc Is., El Nido, Palawan ☎02-902-5985 ⊛Garden Cottage 33800P～、Water Cottage 38800P～、Deluxe Sea View 42800P～（附所有餐點、免費戶外活動）客房數50間
URL www.elnidoresorts.com

🔒 🌴👣 🔗SR

主要設施和服務 託嬰服務
餐廳&酒吧 Club House（多國菜）、Pavillion Bar（酒吧）
戶外活動 潛水3000P～／1次、浮潛行程免費、划船免費、獨木舟免費、潟湖行程免費

巴拉望島

卡薩卡勞飯店
Casa Kalaw

設於集結4座飯店和餐廳等的綜合型度假村社區內。飯店前方為約4km的沙灘。

MAP P91✕從馬尼拉搭國內航班往艾爾尼多機場55分。從機場搭車5分⊕Lio Tourism Estate, El Nido, Palawan ☎0917-659-7697⊛Deluxe房8500P～、Deluxe 陽台房9000P～、Kalaw大套房10500P～（附早餐）等 客房數42間 URLwww.casakalaw.com

主要設施和服務 戶外泳池、SPA、兒童遊樂場、無線網路服務
餐廳&酒吧 Al Fresco Dining（多國菜）、Kalaw Cafe（菲律賓菜）、Kalaw Bar（酒吧）

北巴拉望最新的度假村區域隆重開幕

樂園Point!
餐廳選擇多元
除了飯店內的餐廳，也能利用度假設施Lio Tourism Estate的餐廳！

1：位於距離機場車程5分的Lio Tourism Estate內
2：Klaw Premium大套房的超大床
3：自然風的迎賓大廳

獨佔僅有乘船能前往的海灘

樂園Point!
寬敞開放的酒吧
酒吧位在突出於大海的棧橋前端，是能感受到舒適海風的開放式空間。

1：彷彿延伸至靜謐海灣的泳池
2：天然材質裝潢令人印象深刻的Cedar Cabana
3：受到小山丘守護的自然氛圍

布桑加島

昆內特拉里奧瑪度假村
El Rio Y Mar

座落於紅樹林茂盛生長的小型海灣。在被海角所守護的平穩海灣內，能享受到各式的海上活動。

MAP P91✕從馬尼拉搭國內航班往布桑加機場1小時。從機場往馬卡邦棧橋車程30分，從棧橋搭船30分⊕Brgy. San Jose, Busuanga, Coron, Palawan ☎02-688-3929 ⊛Native Cabana 4950P～、Cedar Cabana 7500P～、Casa房7500P～（附所有餐點、免費戶外活動）客房數24間 URLwww.elrioymar.com

主要設施和服務 戶外泳池、SPA、託嬰服務、圖書館
餐廳&酒吧 Al Fresco Restaurant（多國菜）、Port Caltom's Reef Bar（酒吧）戶外活動 卡拉伊特島野生動物園行程4375P～、科隆島行程4875P～

Area 5

馬尼拉
Manila

馬車行經的石板路歷史地區，

以及高樓大廈緊鄰在側的菲律賓首都。

在持續進化的大都會享受購物和美食之旅！

馬尼拉 區域NAVI

高樓大廈櫛比鱗次的菲律賓首都。除了於菲律賓殖民地時代所建造的建築外，
大型購物中心、賭場和高級都會型飯店等有如雨後春筍陸續登場。

馬尼拉的必做事項 BEST 3

① 在購物中心採買血拼（→P102）

SM Mall of Asia等大型購物中心散布市區。當地流行品牌不容錯過。

② 巡遊殖民地時代的歷史性建築（→P100）

參觀西班牙統治時期所建造的教堂和城牆等充滿異國風情的建築。

③ 大啖美味的海鮮（→P104）

緊鄰豐饒大海的馬尼拉有著豐富的海產資源。以喜好的調理方式品嘗美食。

以歷史地區為中心，熱鬧非凡的市區區域

① 馬尼拉大都會市中心
Metro Manila

遺留教堂和堡壘遺址等西班牙統治時期建築物的觀光中心區域。擁有眾多自古便聞名遐邇的高級飯店，餐廳和夜間娛樂景點也應有盡有。

SUNSET!

1：沿海南北向的Roxas大道
2：馬尼拉大教堂的周邊有觀光馬車行駛
3：被稱為世界三大夕陽之一的馬尼拉灣日落

商業區和購物的據點

② 馬卡蒂
Makati

高樓大廈櫛比鱗次的商業街。由菲律賓最大財團Ayala所開發的區域，中心處集結了如Ayala Center等諸多購物中心和高級飯店。

1：散布著購物中心和百貨公司
2：也有能悠閒散步的公園

年輕人聚集的馬尼拉流行集散地

③ Bonifacio Global City

以馬尼拉的富人和外國人為客群所開發的新興區域。隨處可見時髦的餐廳和咖啡廳，由於有著完善的安全警備機制，所以能安心地在此逛街散步。

1：在大型購物中心採買
2：設有車子無法入內的行人專用道

國鐵北部線

LRT高架鐵路

加洛坎　Roosevelt站　North Avenue站

Quezon Avenue站

菲律賓國鐵

④ 奎松

Araneta
Center
Cubao站

LRT2(高架鐵路)

M.R.T首都圈鐵路

Cubao

Tutuban站

Legarda站

Santa Mesa國鐵站
仙範

曼達盧永

Recto站

巴石河

馬尼拉

馬尼拉大都會市中心 ①

Paco國鐵站

巴石

Vito Cruz
國鐵站

② 馬卡蒂

馬尼拉灣

Buendia
國鐵站

Pasay Road
國鐵站

帕賽

Buendia站
Fort Bonifacio

Ayala站

③ **Bonifacio
Global City**

Taft Avenue站

Baclaran站

South Super
Highway

往**尼諾伊·
艾奎諾國際機場**↓

N

0　　　2km

政府機關雲集的學術區域

④ **奎松**
Quezon

此區域冠上獨立準備政府的首屆大總統曼努埃爾·奎松
之名。曾經暫時成為菲律賓的首都，現在仍設有政府機
關、大學和廣播電台。

1：位於菲律賓大學內的Vargas
美術館 2：位於奎松正中心的
Memorial Circle

1

2

3天2夜！
經典行程

馬尼拉觀光的主要重點為
歷史性建築、購物以及美食。
由於新店家陸續開張，
所以先設定好自己的觀光目標！

1day

13:15　**抵達馬尼拉**

15:00　參觀**王城區**
　　　　的教堂

17:00　前往浪漫夕陽的
　　　　酒吧

19:00　品嘗廣受好評的
　　　　菲律賓晚餐

2day

10:00　在**SM Mall of
　　　　Asia**購物

12:00　午餐享用
　　　　西班牙菜

13:30　在**Ayala Center**
　　　　散步

15:30　在**時髦的咖啡廳**
　　　　休憩放鬆

17:00　在高水準的**街頭**
　　　　SPA療癒身心

20:00　享用飯店自傲的**豪華**
　　　　晚餐

3day

07:25　**從馬尼拉出發回台**

ACCESS

前往馬尼拉的交通方式

從桃園國際機場和高雄小港機場有直飛班機約2小時抵達馬
尼拉。尼諾伊·艾奎諾國際機場分為4座航廈，每座航廈之間
有免費的接駁巴士。從機場離開可利用計程車或接送車。

在馬尼拉的交通方式

擁有LRT（高架鐵路）和MRT（首都圈鐵路）等鐵路，費
用為LRT 15P～、MRT 13P～。或是能利用費率固定的飯
店計程車和跳錶計程車。傳統的馬車Kalesa作為觀光用途
時1小時750P～。

能接觸到市民的
日常生活☆

用2小時巡遊歷史街區
在舊街區
漫遊歷史性景點

16～19世紀受到西班牙統治的菲律賓，遺留著石板路和厚
重建築的教堂等風情萬種的街區。尤其是王城區周邊有著
許多適合攝影的懷舊風景致！

START

除了王城之外
歷史最悠久的
石砌教堂！

SPOT1 ｜馬拉特｜
馬拉特教堂
Malate Church

莊嚴氛圍的
石造教堂

立於沿海地區雄厚的石砌教
堂。1762年英國占領馬尼
拉時成為英軍的堡壘，太平
洋戰爭時則為美國和日本的
收容所。

MAP 附 錄 P9A3 ⊗ LRT
Quirino站步行11分 ㊍M.H.
Dei Pilar St., Malate
☎02-523-2593

描繪施洗約翰場景的彩
繪玻璃

上：熱鬧市區中
大放異彩的威
嚴教堂
右：教堂內色彩
鮮艷的彩繪玻
璃

SPOT3 ｜王城區｜
馬尼拉大教堂
Manila Cathedral ｜步行2分｜

馬尼拉最重要的天主教教堂

此教堂為馬尼拉天主教大主教的根據地。
1581年落成後經歷過無數次重建，目前的建
築為1958年所建。

MAP 附錄P9A1 ⊗LRT
Central 站車程12分 ㊍
Cabildo Cor., Beaterio
St., Intramuros
☎02-527-3093

右：拱形屋頂的塔是周遭地
區的地標
下：觀光用馬車行駛路上

馬尼拉天主教
信仰的基地！

｜計程車
10分｜

｜步行6分｜

SPOT2 ｜王城區｜
聖地牙哥堡
Fort Santiago

Historical!

持續守護近代歷史的堡壘遺址

從1571年花費150年歲月建造的堡
壘。於太平洋戰爭中遭到破壞，重建修
復後目前成為公園。英雄黎剎曾被幽禁
於此。

MAP 附錄P9A1 ⊗LRT Central 站車程
13 分 ㊍ Gen., Luna St., Intramuros
☎02-527-1572 ㈺8～18時 ㈹無 ㊎
75P

左：腹地內附設黎剎紀念館
下：重現前往刑場的黎剎足跡

腹地的深處仍
遺留著收容所
的遺跡

Majestic!

世界遺產的巴洛克風格教堂！

• 岷倫洛教堂
• 拿撒勒黑耶穌聖殿
• 聖賽巴斯汀教堂

巴石河

• 聖地牙哥堡
• 馬尼拉大教堂
• 卡撒馬尼拉博物館
• 聖奧古斯丁教堂

U.N. Avenue

從馬拉特教堂搭乘計程車前往王城區！

• 馬拉特教堂

上：菲律賓現存最古老的石造教堂
下：描繪著壁畫的拱形天花板相連延伸

| 王城區 |

SPOT4 聖奧古斯丁教堂
San Agustin Church

菲律賓最古老的石砌教堂

1993年被登錄為世界遺產，為眾多巴洛克風格教堂的其中一座。王城區內留有建築當時原始樣貌的建築僅限此處。

MAP附錄P9A2 ⊗LRT Central站車程14分
⊕ Cen., Luna St., Corner Real St., Intramuros ☎02-527-2746

步行即到

左：Casa在西班牙中為住家之意
上：館內中庭有噴水池

GOAL

| 王城區 |

SPOT5 卡撒馬尼拉博物館
Casa Manila

位於石板路上的博物館

19世紀中葉所建的殖民地式住宅。融合了新古典和新歌德等風格。館內介紹著往昔的生活與文化。

MAP附錄P9A1 ⊗LRT Central站車程13分 ⊕ Calle Real Cor., Cen., Luna St., Intramuros ☎ 02-527-4084 ⊛9～18時 ㊡週一 ㊎75P

━━ 若還有時間也推薦來此！ ━━

| 中國城 |

岷倫洛教堂
Binondo Church

馬尼拉中國城的地標

1596年所建的殖民地風格建築，但因天災與戰爭而損壞。於1972年修復重建。僅有面對教堂右手邊的鐘樓為創建時的原貌。MAP附錄P9A1 ⊗LRT Carriedo站步行11分 ⊕Plaza Calderon de la Barca, Binondo ☎02-242-4850

| 奎阿坡 |

拿撒勒黑耶穌聖殿
Quiapo Church

每年1月會舉辦盛大的祭典

因拿撒勒黑耶穌聖像而聞名的教堂。1月9日的黑拿撒勒祭典，有載著十字架和聖像的花車遊行於市。MAP附錄P9B1 ⊗LRT Carriedo站步行5分 ⊕910 Plaza Miranda, Quiapo ☎02-733-4945

| 奎阿坡 |

聖賽巴斯汀教堂
San Sebastian Church

高聳入雲的壯觀白色尖塔

建於17世紀，但目前的建築完成於1891年。據說為亞洲最古老，並為全世界第2古老的鋼筋建築教堂。MAP附錄P9B1 ⊗LRT Carriedo站步行14分 ⊕Plaza Del Carmen, Quiapo ☎02-734-8908

CHECK!

無論是購物或散步都樂趣無窮

馬尼拉的2大購物景點

若想在馬尼拉購物血拼，最推薦的莫過於SM Mall of Asia和Ayala Center。
在這兩處不僅能購物，還有豐富的餐飲選擇。只在附近悠閒散步也能讓人心情愉快！
※在此刊載的商品為2018年3月的資訊。

亞洲最大規模的購物商場

沿海處設有
餐廳和遊樂園

帕賽

SM Mall of Asia

以Main Mall為中心，共由4棟商場組成。有流行服飾、飾品和雜貨等超過600間店鋪進駐於此。也有不少在沿海處欣賞夕陽的訪客。

MAP附錄P8A4 ⊗LRT EDSA站車程10分。從馬尼拉大都會市中心搭跳錶計程車約1小時。從馬卡蒂町40分 ⊕SM Central Business Park, Bay City, Pasay ☎02-556-0680 ⊛10～22時。視店鋪而異 ㊡無 URLwww.smmallofasia.com

要買豐富的服飾、包包和鞋子等流行商品請到Main Mall。North Wing內有超市。

馬尼拉灣
Entertainment Mall
South Wing　Main Mall　North Wing

✧ 當地女性的最愛！菲律賓在地品牌

Main Mall 2F　流行服飾

People Are People

品牌特徵為設計簡單能穿去公司上班。涼鞋、包包和飾品等小物應有盡有。☎0906-286-0742 ⊛11～22時（週六、日為10～23時）㊡無 英

1：典雅的上衣1899P、長裙799P
2：金屬風格的鴨舌帽499P

Main Mall 1F　流行服飾

Bayo

菲律賓全國皆有店鋪的休閒風品牌。販售豐富橘黃綠色明亮色調的流行風服飾。☎02-556-0082 ⊛11～22時（週六、日為10～23時）㊡無 英

1：也有豐富的民族風設計服飾
2：假兩件襯衫長袖上衣

South Wing 1F　雜貨

Kultura

此雜貨店家堅持販售菲律賓製造的商品。販賣使用自然材質的包包、民藝品和T恤。☎02-556-0417 ⊛10～22時（週六、日為～23時）㊡無 英

1：用貝殼製成的相框399.75P
2：立方狀的椰子肥皂199.75P

想稍作休息就選這裡！

Entertainment Mall 2F
菲律賓菜

Razon's

以邦板牙省為主，超過60家分店的哈囉哈囉冰著名連鎖店。也提供餐點類菜單。☎02-556-0277 ⊛11～23時（週六、日為10時～）㊡無 英

放入椰果的哈囉哈囉冰115P

North Wing 1F
速食

Bibingkinitan

菲律賓傳統米蛋糕──比賓卡的專賣店。淡淡的甜味讓人一吃上癮。1個25P
☎無 ⊛10～22時 ㊡無 英

有參薯、起司等口味可選

還設有HERMES等高級品牌的精品店♪

店鋪大多位於Greenbelt，想買分送的伴手禮則要到Landmark。休閒風小物則多在Glorietta。

地圖標示
馬尼拉半島飯店
Ayala Avenue
馬卡蒂香格里拉飯店
Makati Avenue
Ayala博物館
6750 Ayala Avenue
Rustan's
Glorietta 5
Glorietta
馬尼拉洲際飯店
Glorietta
Greenbelt 5
Greenbelt 4
Landmark
ŠM Makati
Greenbelt 1
Greenbelt 2
Greenbelt 3
馬尼拉新世界酒店
Paseo de Roxas
Ayala站
EDSA
都喜天麗馬尼拉飯店

觀光&商業區的中心地

【帕賽】

Ayala Center

位於馬卡蒂中心的Ayala Center擁有購物商城和高級飯店。以Greenbelt和Glorietta為中心悠閒散步！

MAP 附錄P10A3·B3 ⊗MRT Ayala站即到 ⊕Ayala Center, Makati ☎視設施而異 ⊕Greenbelt 10～20時（週五、六為～21時）、Glorietta 10～21時（週五、六為～22時）等。視設施而異 ⊛無

散步的起點Ayala站

想稍作休息就選這裡！

Greenbelt3
【西班牙菜】

Cerveseria

在以中世紀西班牙為設計風格的店內，能享用到正統西班牙菜。⊗MRT Ayala站步行10分⊕GF, Greenbert3, Ayala Center, Makati ☎02-757-4791 ⊕11時～翌1時（週五、六為～翌2時）⊛無 ⊛ ⊛

食材豐富的海鮮燉飯 836p

✦ 給自己的伴手禮♡ 菲律賓雜貨 ✦

【Landmark 4F】【雜貨】

Philipiniana

從木雕食器、馬尼拉麻製手包的民藝品到雜貨等品項豐富的魅力商家。⊗MRT Ayala站步行6分⊕4F The Landmark Bldg., Ayala Center, Makati ☎02-810-9990 ⊕10～21時 ⊛無 ⊛

1：傳統馬車造型的馬克杯
2：重現色彩繽紛吉普尼的迷你小車

【Glorietta1】【雜貨】

Artwork

店內販售由全世界藝術家設計的特色T恤和皮包。⊗MRT Ayala站步行7分⊕GF, Glorietta1, Ayala Center, Makati ☎02-621-1160 ⊕11～22時（週六、日為10時～）⊛無 ⊛

1：醜醜可愛的人物T恤 429.75P
2：花色豐富的零錢包 各169.75P

Greenbelt5
【菲律賓菜】

Mesa

無論是味道或外觀皆改良為現代風格的菲律賓菜，因美味而大受好評。⊗MRT Ayala站步行10分⊕GF, Greenbelt5, Ayala Center, Makati ☎02-728-0886 ⊕11～23時 ⊛無 ⊛ ⊛

香脆烤豬1000P～

【Glorietta1】【雜貨】

Papemelroti

販售童話風的禮物盒，以及設計簡單又非常實用的文具等。⊗MRT Ayala站步行5分⊕2F, Glorietta1, Ayala Center, Makati ☎02-625-0359 ⊕10～21時（週五、六為～22時）⊛無 ⊛

1：夢幻圖案的筆記本 各49P
2：高品味插畫的紙製禮物盒49P

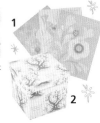

菲律賓的豐盛美食——海鮮!

新鮮!美味!生猛海鮮

菲律賓被營養資源豐富的大海環繞,
擁有眾多提供美味海鮮的餐廳。
在當地廣受好評的餐廳內,盡情飽腹生猛海鮮吧。

必吃餐點
辣味螃蟹200P
(100g)。以重量計
價的蝦蟹,可依偏好的
料理法烹調後享用。

馬尼拉大都會市中心
Harbor View
Retaurant

1985年創業的老字號海鮮餐廳。
突出於馬尼拉灣的棧橋上設有桌
椅,能在感受潮水氣味的同時享用
美食。能欣賞到馬尼拉灣落日的時
段最受歡迎。
MAP 附錄P9A2 ⊗LRT Vito Cruz
站車程5分 ⊕South Gate A, Rizal
Park, Manila ☎ 02-710-0060
時11~24時 休無 英 英

1:景觀絕佳的棧橋座位
2:羅曼蒂克的夕陽時段
3:上等的白肉魚,辣味國王魚88P(100g)

3

料理的辛香料就是馬尼拉灣的熾烈落日

1
2

引出食材美味的邦板牙省鄉土佳餚

馬尼拉大都會市中心
Bistro Remedios

|| MUST EAT! ||

此獨棟餐廳提供位於馬尼拉北部的邦板牙省佳餚。除了
海鮮外,餐點還使用了大量的肉類與蔬菜,能直接品嘗
到食材滋味的佳餚非常誘人。
MAP 附錄P9A3 ⊗Remedios Circle步行1分 ⊕1911
M. Adriatico St., Malate ☎02-523-9153 時11~15
時、18~23時(週五、六的晚餐為~24時)休無 英 英

1
2
3

1:香脆油炸吳郭魚463P
2:蝦仁苦瓜305P
3:竹筒飯235P

必吃餐點
將豬腳費時油炸的Knockout
knuckles 625P。美味絕頂的
熱門菜單。

餐廳為西班牙式裝潢,滿溢異
國風情

馬卡蒂

Fely J's Kitchen

此餐廳以邦板牙省的鄉土佳餚為主，能品嘗到外觀也迷人的菲律賓家常菜。懷舊氛圍的店內空間沉穩舒適，大受歡迎。

MAP附錄P10A3 ⊗MRT Alaya站步行10分 ⊕Greenbelt 5, Ayala Center, Makati ☎02-728-8858 ⊕11～24時⊕無 英 英

擺飾著同為店名的Fely J's照片

必吃餐點
大蒜香味促進食慾的Fely J's螃蟹199P（100g）

將傳統滋味再稍加變化的秘傳做法

馬尼拉大都會市中心

Seafood Market

在鋪滿冰塊的展示櫃和水槽中，充滿著蝦、螃蟹、魚和貝類等新鮮的海鮮。和店員商量後選擇喜好的食材，並且告知偏好的口味和料理方式即可。

MAP附錄P9A3 ⊗LRT U.N.Avenue 站車程5分 ⊕ 1190 Jorge Bocobo St., Ermita ☎ 02-521-4351 ⊕11時30分～22時30分 ⊕無 英 英

高級的拉普拉普魚228P（110g）有著上等誘人的美味白肉

必吃餐點
店內展示的活螃蟹無比新鮮。時價。可選擇自己喜好的調理方式。

將生猛海鮮以喜好的調味豪爽烹飪

店內陳列著海鮮，有如夜市般的歡樂氣氛

帕賽

Blue Post Boiling Crabs & Shrimps

本店位於民答那峨島達沃市的熱門餐廳。以菲律賓傳統的用餐方式「以手抓食」為餐廳宗旨。新鮮的蝦蟹用手抓著吃會更好吃！？

MAP附錄P8A4 ⊗LRT EDSA站車程15分 ⊕Mall of Asia, Entertainment Mall Seaside, Pasay ☎02-810-2585 ⊕11～22時（週五、六為～23時）⊕無 英 英

1：在微風涼爽的露臺座位能欣賞到海景
2：餐點會上菜在鋪有桌墊的桌子上

以手抓食，好吃又歡樂的體驗

必吃餐點
以獨門醬料調味的螃蟹（時價）和蝦子73P。豪邁地大快朵頤吧！

帕賽

Fish & Co. Seafood in Pan

點餐後送來的不是碗盤而是平底鍋。在休閒風的店內空間，能品嘗到大分量的海鮮菜色。最受歡迎的是酥脆的Fish & Chips。

MAP附錄P8A4 ⊗LRT EDSA站車程15分 ⊕ GF Mall of Asia, Entertainment Mall, Pasay ☎ 02-576-9170 ⊕11～22時（週六、日為10～23時）⊕無 英 英

1：店內的裝潢以海底世界為主題
2：海鮮豐盛拼盤1030P～，最適合家庭或團體用餐

必吃餐點
用美乃滋和辣味橄欖油等調味的Fish & Chips336P～

用平底鍋裝盛的華麗海鮮

1：突出於馬尼拉灣的甲板入口
2：由於落日時分人潮擁擠，建議提早前往佔位

繽紛妝點夜生活的美景
羅曼蒂克的
夕陽&夜景餐廳

馬尼拉的夜生活就從被譽為
世界三大夕陽的馬尼拉灣落日開始。
欣賞過美輪美奐的夕陽後，
就前往能享受璀璨夜景的飯店餐廳&酒吧！

確保坐到有如浮於海面的戶外座位！

眼前沉入大海的如夢落日令人驚嘆！

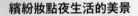

1日的尾聲
向馬尼拉灣的夕陽舉杯歡呼♪

A

能近距離感受雄偉馬尼拉灣的奢侈地點

B

1：有許多除了住宿客以外的訪客，所以建議早前往
2：晚餐時段會在舞台表演菲律賓傳統舞蹈

 馬尼拉大都會市中心 餐廳&酒吧

White Moon Bar

此餐廳&酒吧位於面對馬尼拉灣的H2O飯店2樓。突出於大海的甲板是欣賞落日的最佳地點。手持酒杯度過優雅的時光吧。

MAP附錄P9A2 ⊗LRT U.N.Avenue站車程5分 ⊕Manila Ocean Park Complex, Behind Quirino, Grandstand Luneta, Manila ☎02-238-6100 ⊕17～24時 ⊛無 ⊛英

 帕賽 餐廳&酒吧

Sunset Bar

馬尼拉菲律賓廣場索菲特飯店的池畔酒吧，因美麗夕陽而聞名。太陽逐漸西落大海染成橘紅色時，靠海的花園便開始聚集眾多訪客。

MAP附錄P8A3 ⊗菲律賓文化中心車程5分 ⊕CCP Complex, Roxas Blvd., Pasay City, Manila ☎02-551-5555 ⊕9時～22時30分 ⊛無 ⊛英

Yummy!

映照於夕陽的美妙雞尾酒320P～

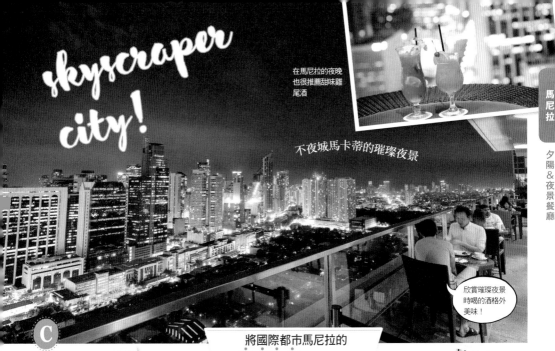

skyscraper city!

在馬尼拉的夜晚
也很推薦甜味雞
尾酒

不夜城馬卡蒂的璀璨夜景

欣賞璀璨夜景
時喝的酒格外
美味！

將國際都市馬尼拉的
閃爍夜景盡收眼底！

獨佔360度夜景
的美景酒吧

從45樓向下俯瞰，
無數大廈宛如寶石般耀眼

D 能同時欣賞新市鎮和舊市區兩處景色的地點

E 販售的酒類種類豐富。也提供原創口味的雞尾酒

C 馬卡蒂 | 餐廳&酒吧

Firefly Roof Deck

從飯店32樓能將摩天大樓林立的馬卡蒂夜景一覽無遺。晚風宜人的戶外露臺座位很受歡迎，常從視野良好的靠邊座位開始坐滿。

MAP 附錄P10B1 ⊗MRT Ayala站車程15分 ⊕32F, City Garden Grand Hotel, 8008 Makati Ave., Makati City, Manila ☎02-554-3429 ⊕10時～翌2時 ⊕無 英 英

D 馬尼拉大都會市中心 | 餐廳&酒吧

Sky Deck View Bar

此餐廳位於王城區的飯店最頂樓。能欣賞到從新市鎮到舊市區的360度城市景觀。稍早的時分還能欣賞到馬尼拉灣的夕陽。

MAP 附錄P9A2 ⊗LRT Central站車程10分 ⊕The Bayleaf Intramuros. Muralla Corner Victoria St., Intramuros Manila ☎02-381-5000 ⊕17～24時 ⊕無 英 英

E Ortigas | 酒吧

Vu's Sky Bar & Lounge

位於馬可波羅飯店45樓的頂樓酒吧。能欣賞到霓虹燈妝點的城市夜景。充滿造型感的室內裝潢也超讚。

MAP 附錄P8B2 ⊗MRT Ortigas站車程15分 ⊕45F Marco Polo Hotel, Meralco Ave., Sapphire St., Ortigas Center, Pasig, Manila ☎02-720-7777 ⊕17時～翌2時（週日為～24時） ⊕無 英

從馬尼拉出發！廣受歡迎的自選行程

馬尼拉市內的自選行程，有遍訪歷史性建築、享受購物樂趣等豐富的都會行程。
也推薦租賃專車的客製化行程。

❶ 上午出發 馬尼拉半天市內觀光

遊覽包括世界遺產——聖奧古斯丁教堂等，市內觀光景點的套裝行程。由於是上午時段的半天行程，所以下午能安排其他行程，令人感到高興。

出發 9時、13時　所需時間 約4小時
成行日 每日　金 US$50～

1：因天災和戰爭受到破壞，於1958年重建的馬尼拉大教堂 2：馬尼拉大教堂內有菲律賓最大的管風琴

❷ 馬尼拉1日市內觀光(附午餐)

幾乎網羅所有馬尼拉經典景點的1日行程。除了歷史性建築物外，還會在當地市場下車遊逛，以及前往購物中心血拚採買。

出發 9時　所需時間 約8小時
成行日 每日　金 US$100～

1：水晶燈引人注目的聖奧古斯丁教堂
2：為馬尼拉天主教大主教據點的馬尼拉大教堂

❸ 充滿話題性的 Bonifacio Global City

Bonifacio Global City是將原美軍駐紮地重新開發而成的商業區域。在購物街能享受到遊逛咖啡廳和名牌精品店的散步樂趣。

出發 10時30分　所需時間 約6小時
成行日 每日　金 US$70～

1：周邊為五顏六色的牆畫藝術
2：Bonifacio High Street散布著藝術裝置

❹ 踏上大雅台的療癒之旅 ～附有機午餐～

大雅台是從馬尼拉市區搭車往南約90分可達的高原度假村。在這裡能接觸到世界最小的火山和美麗湖泊等豐沛的自然。以蔬菜為主的有機午餐也廣受好評。

出發 8時　所需時間 約9小時
成行日 每日　金 US$110～

1：販售在大雅台收穫的蔬菜和水果
2：保留豐沛自然的區域。是有名的咖啡產地

⑤ 令人安心的專車行程
（附隨車導遊）

租賃附駕專車，能在喜歡的時間前往喜歡的地點！由於會有隨車導遊，請導遊帶我去一般觀光客不易前往的珍貴景點，說不定很棒？

出發 自由　所需時間 4小時　成行日 每日　金 US$130～

依使用人數可選擇一般轎車或廂型車。可延長時間

⑥ 百勝灘遊船

在距離馬尼拉市區車程約2小時30分的百勝灘體驗遊船。由船夫操槳划船可安心觀光。若有意願可留時間在瀑布處游泳。

出發 7時　所需時間 約10小時　成行日 每日　金 US$160～

大自然環繞，神清氣爽的遊船體驗

⑦ 造訪戰爭遺址
科雷希多島觀光

從馬尼拉港乘船，前往位於馬尼拉灣入口的科雷希多島。島內仍散布著第二次世界大戰使用過的兵營和砲台等戰爭遺址，能實地參觀。

出發 6時　所需時間 約9小時
成行日 每日　金 US$113

1：訴說堡壘過往故事的砲台遺址
2：第二次世界大戰時的兵營遺跡。可搭乘巴士巡遊島內的主要景點

⑧ 跟隨導遊腳步
在馬尼拉市區散步觀光行程

以搭乘高架鐵路及步行的方式觀光馬尼拉市區的特殊概念行程。能夠擁有在博物館參觀菲律賓藝術家所創作的現代藝術，或是在中國城散步等的珍貴體驗。

出發 9時　所需時間 約4小時
成行日 週二～週日　金 US$59

1：LRT的Pedro Gil站。導遊會進行導覽
2：孕育獨特文化的中國城。入口處聳立著友好門

在此報名參加

Ⓐ My Bas Desk

世界各國超過200萬人利用的值得信任品牌。辦公室位於Bonifacio Global City，提供各式各樣的當地自選行程。
MAP 附錄P8B3　⊕RCBC Savings Bank 18F JTB馬尼拉分店內　☎02-553 1703　🕐8時45分～17時45分（週六僅接受電話洽詢）　🕓週日、假日　URLhttps://www.mybus-asia.com/philippines/　※日、英文對應

Ⓑ Attic Tours

想更深入遊玩馬尼拉，最推薦參加由導遊導覽的行程。Attic Tours徹底瞭解當地觀光資訊，提供各式各樣的自選行程。　MAP 附錄P8A4　⊕#203 Coko Bldg., 1 Patio Madrigal Compound 2550 Roxas Blvd.,Pasay City, Manila　☎02-556-6301　🕐9～18時（週六為～15時）　🕓週日、假日　URLwww.attic-tours.co.jp　※日、英文對應

※Ⓑ也有提供類似❶❷❹❺❻的行程

還有還有！

馬尼拉 的 備受矚目景點

話題餐廳和咖啡廳大多聚集於
馬尼拉大都會市中心和馬卡蒂。
大型購物中心也不容錯過！

📷 景點 | 馬尼拉大都會市中心 | MAP 附錄P9A4

大都會美術館
Metropolitan Museum

跟隨歷史認識菲律賓的美術

企劃展出菲律賓繪畫與傳統工藝
的美術館。另有豐富的常設展
覽，其中最受歡迎的是中央銀行
的黃金製品。集結殖民地時期前
的珍貴寶石飾品。DATA ⊗LRT
Quirino Avenue站車程5分
⊕Central Bank Complex,
Roxas Blvd.,Manila ☎02-
708-7828 時10時～17時30分
休週日 金100P 英

📷 景點 | 馬卡蒂 | MAP 附錄P10A3

Ayala博物館
Ayala Museum

製作精細的立體模型不容錯過

玻璃帷幕的摩登建築連結石砌的
展覽建築，構造饒富趣味。展覽
樓內有重現菲律賓歷史的63個
立體模型，製作精細有一看的價
值。DATA ⊗MRT Ayala站步
行8分 ⊕Makati Av., Cor.De
La Rosa St., Greenbelt Park,
Ayala Center, Makati,
Manila ☎02-759-8288 時
9～18時 休週一 金425P

上：博物館建築前有著摩登風的裝置藝術
下：氛圍渾厚的展覽樓。能見到年輕藝術家的作品

🎢 玩樂 | 帕賽 | MAP 附錄P8B4

馬尼拉雲頂世界
Resort World Manila

以賭城為中心的娛樂設施

位於菲律賓首座觀光經濟特區
──New Port City的商業設
施。除了24小時營業的賭場
外，還有夜間俱樂部和劇院等設
施。餐廳、咖啡廳和名牌精品店
也一應俱全。還有格言飯店等住
宿設施。DATA ⊕Newport City, Pasay
City, Manila ☎02-908-8888
時24小時 休無

上：VIP專用的私人遊樂區設有酒吧和休閒廳
下：機場第3航廈近在眼前，地點便利也是其魅力所在

🍴 美食 | 馬尼拉大都會市中心 | MAP 附錄P8A3

The Singing Cooks & Waiters

服務生唱歌跳舞的歌舞表演餐廳

廚師和服務生會唱歌跳舞歡迎客
人的獨特菲律賓菜餐廳。員工全
體表演的歌舞時段充滿魅力。
DATA ⊗LRT Gil Puyat站步
行10分 ⊕Roxas Blvd., Cor.,
Buendia, Pasay City, Manila
☎02-832-0658 時11～15
時、18～23時 休無 英

🍴 美食 | 馬尼拉大都會市中心 | MAP 附錄P9A3

Café Adriatico

料理美味的雅痞風咖啡廳

瀰漫著咖啡香的店內空間，帶有
光線較暗的沉穩氛圍。酒類和餐
點的種類豐富多元，用餐小酌皆
宜。DATA ⊗Remedios
Circle內 ⊕1790 M.Adriatico
St., Remedios Circle, Malate,
Manila ☎02-738-8220 時
7時～翌5時（週日、一～翌2
時；週二、三～翌4時）休無
英 英

🍴 美食 | 馬尼拉大都會市中心 　　MAP 附錄P9A2

Ilustrado

歷史悠久的獨棟餐廳

改裝自舊洋樓的餐廳。店內為高格調裝潢的沉穩氣氛空間，提供海鮮燉飯1092P等加入菲律賓元素的西班牙菜。DATA ⊗LRT站車程9分 ⊕General Luna St, Intramuros, Manila ☎02-527-3674 ⏰11時30分~15時、18~21時（週日、假日僅午餐時段營業）休無 英 英

🍴 美食 | 馬卡蒂 　　MAP 附錄P10A3

Sentro 1771

擺盤美觀的菲律賓菜

改良為現代風的佳餚廣受好評，是一家熱門餐廳。能認識到菲律賓菜的嶄新面貌。著名的Sinigang酸湯能在點餐時決定酸度。DATA ⊗MRT Ayala站步行10分 ⊕2F Greenbelt 3, Ayala Center, Makati, Manila ☎02-757-3941 ⏰11~23時（週五、六為~24時）休無 英 英

🍴 美食 | 馬卡蒂 　　MAP 附錄P10B1

La Tienda

能自在輕鬆享用的西班牙家常菜

在殖民地風格的獨棟餐廳享用西班牙家常菜。使用從西班牙進口的嚴選食材，也受到居住當地的外國人好評。DATA ⊗MRT Ayala站車程5分 ⊕43 Polaris St., Bel Air, Makati,Manila ☎02-890-4123 ⏰10時30分~14時、17時30分~22時30分 休無 英

上：充滿異國風情的店內氛圍是料理的辛香料
下：放入雞肉、豬肉和海鮮的綜合海鮮燉飯645p

🍴 美食 | 馬尼拉大都會市中心 　　MAP 附錄P9A2

Barbara's

享受西班牙菜和傳統藝術表演

餐廳改裝自西班牙風格的建築，店內金碧輝煌，在這裡能品嘗到西班牙菜和菲律賓菜。19時開始會有傳統舞蹈的表演秀。DATA ⊗LRT Central站車程9分 ⊕Plaza San Luis Complex General Luna St., Intramuros, Manila ☎02-527-4083 ⏰11~14時、18時30分~21時 休無 英

🍴 美食 | 馬卡蒂 　　MAP 附錄P10A3

Sala Bistro

適合特別日子利用的多用途餐廳

地中海菜名店——Sala的休閒風分店。保留總店的優雅氛圍，提供盤餐佳餚等輕食菜單。DATA ⊗MRT Ayala站步行10分 ⊕GF, Garden side Greenbelt3, Ayala Center, Makati, Manila ☎02-729-4888 ⏰11~23時（週五、六為~24時）休無 英 英

🍴 美食 | 帕賽 　　MAP 附錄P8A4

Alba

超過60年受到愛戴的老字號餐廳

在市內有4間店舖，1952年創業的正統西班牙菜餐廳。餐廳的海鮮燉飯口味從正統的瓦倫西亞風味到放入Sisig的菲律賓風味等，一共18種450P~（2~3人分）。DATA ⊗MRT EDSA站車程5分 ⊕Prism Plaza, TwoEComCenter, Harbor Dr., MOA Complex, Pasay City, Manila ☎02-808-8210 ⏰11~23時 休無 英

🎁 購物 | Bonifacio Global City 　　MAP 附錄P8B3

Bonifacio High Street

年輕人聚集的購物商場

此開放式空間的購物商場位於開發中的Fort Bonifacio。走廊的兩側為流行服飾、雜貨店、餐廳和咖啡廳等店舖。一到傍晚就會漸漸有許多當地年輕人造訪變得十分熱鬧。DATA ⊗MRT Ayala站車程10分 ⊕Bonifacio High Street,Taguig City,Manila ⏰視店舖而異 休無

馬尼拉的奢華飯店住宿
— Manila Resort Hotel —

馬尼拉除了有翻新整修過的老字號飯店，還有持續興建的新飯店。
融合新舊市區的馬尼拉大都會市中心，以及購物景點聚集的馬卡蒂是最方便的住宿之處！

馬尼拉最高等級的

豪奢體驗

萬眾矚目！
摩登風飯店

Luxury

check!
約200㎡的戶外空間，
有一旁栽種著椰子樹，
滿滿南國風情的游泳
池。

帕賽

格言飯店
Maxims Hotel

此飯店和設有賭場、餐廳和精品店的雲頂
世界相通。在全部客房皆為大套房的高級
空間內，體驗有24小時待命的管家等頂
級服務。

MAP附錄P8B4 ⊗尼諾伊・艾奎諾國際機場車程
5分 ⊕Newport City, Pasay City, Manila
☎02-908-8888 ⊛Maxims大套房
18056P～、行政大套房24156P～、大使大套
房64416P～等 客房數134間 URLwww.
maximshotelpasay.com

🔒❄🏊👡🏔🛏S/R🛁☕

主要設施和服務 戶外泳池、兒童泳池、健身房、
SPA、按摩浴池、託嬰服務、24小時客房服務、商
務中心、賭場、無線網路服務 餐廳&酒吧 The
Terrace（地中海菜）、Passion（中菜）、
Ginzadon（日本料理）、Impressions（法國菜）

1：標準的Maxims大套房也有56㎡的寬
敞面積
2：緊鄰賭場和俱樂部，也能享受夜生活
3：從外觀瀰漫著高級感
4：在「Passion」能享用現代風中菜

緊鄰機場的
當代風格飯店

check!
和設有賭場、餐廳和商店的雲頂世界連通。餐點的選擇也豐富。

1：能將周遭一覽無遺的泳池
2：行政Deluxe房

帕賽

馬尼拉萬豪飯店
Manila Marriott Hotel

位於機場第3航廈前的時尚飯店。飯店整體統一為摩登流行的設計，客房也是配置雅致家具的舒適空間。

MAP附錄P8A4 ⊗尼諾伊·艾奎諾國際機場車程5分
⊕No.10 Newport Blvd., New Port City Complex, Pasay City, Manila ☎02-988-9999 ⊛Deluxe房12000P～、行政Deluxe房15600P～、行政大套房17000P～等 客房數 570間
URL www.marriott.com

🔒❄🐾👣⛰🛏SR🛁☕

主要設施和服務 戶外泳池、健身房、SPA、三溫暖、按摩浴池、網球場、商務中心、無線網路服務、24小時客房服務
餐廳&酒吧 CRU（牛排店）、Marriott Cafe（多國菜）、Lounge（輕食）、Crema（咖啡廳）

帕拉納克

索萊爾賭場度假村
Solaire Resort & Casino

位於馬尼拉灣新興區域的飯店。從客房的大窗戶能將馬尼拉灣盡收眼底。環繞1樓賭場的Dining Avenue有著各國風味的餐廳。

MAP附錄P8A4 ⊗尼諾伊·艾奎諾國際機場車程20分 ⊕ N1 Asean Av., Entertainment City, Tambo, Paranaque City, Manila ☎ 02-888-8888 ⊛ 以電話洽詢或參考官網 客房數 850間 URL www.solaireresort.com

🔒❄🐾👣⛰🛏SR🛁☕

主要設施和服務 戶外泳池、健身房、SPA、按摩浴池、24小時客房服務、賭場、無線網路服務
餐廳&酒吧 Finestra（義大利菜）、Red Lantern（中菜）、Yakumi（日本料理）、Fresh（多國菜）

將馬尼拉灣一覽無遺
的賭場度假村

check!
18500㎡的空間內設有吃角子老虎機和賭桌遊戲等，能輕鬆體驗賭場博弈

1：從豪華絢爛的大廳開啟假期
2：設有客廳的Prestige大套房

日式主題風格的
話題性高級飯店

check!
一定要嘗試擄獲全世界名媛芳心的Nobu現代風日本料理。由於十分熱門，所以一定要提前預約！

1：68㎡的Nobu大套房
2：金碧輝煌的客房大樓和賭場十分匹配

帕拉納克

馬尼拉諾布夢想之城飯店
Nobu Hotel City of Dreams

在全世界大受歡迎餐廳「Nobu」，以飯店的形式在雲頂世界登場。以和風為主題的藝術性空間廣受各界好評。

MAP附錄P8A4 ⊗尼諾伊·艾奎諾國際機場車程20分 ⊕ Asean Av., Corner Roxas Blvd., Entertainment City, Paranaque Manila ☎02-800-8080 ⊛以電話洽詢或參考官網 客房數 321間 URL www.nobuhotelmanila.com

🔒❄🐾👣⛰🛏SR🛁☕

主要設施和服務 戶外泳池、SPA、健身房、託嬰服務、24小時客房服務
餐廳&酒吧 Nobu Restaurant（日本料理）

實力堅強！
老字號飯店

招待各國名流的古典飯店

check!
前往知名法國菜餐廳
Champagne Room或
1970年代起營業至今
的Tap Room Bar。

馬尼拉大都會市中心

馬尼拉飯店
Manila Hotel

1912年創業的殖民地風格飯店。巨大玻璃水晶燈裝飾的古典風大廳震懾人心。客房配置雅致的家具，其中以能欣賞到夕陽的海景房最受歡迎。

MAP 附錄P9A2 ⊗LRT U.N. Avenue站車程15分 ⊕One Rizal Park, Manila ☎02-527-0011 ⓩ以電話洽詢或參考官網 客房數 512間 URL manila-hotel.com.ph

主要設施和服務 戶外泳池、兒童泳池、健身房、SPA、按摩浴池、24小時客房服務、商務中心
餐廳&酒吧 Champagne Room（法國菜）、Red Jade（中菜）、Café Ilang Ilang（多國菜）、Tap Room Bar（酒吧）

1：裝飾著玻璃水晶燈，具有歷史感的大廳
2：總統大套房的豪奢臥房
3：分為新館和舊館

馬卡蒂

馬卡蒂香格里拉飯店
Makati Shangri-La

優雅的飯店立於高樓大廈雲集的馬卡蒂中心。考量風水而設計的客房，大量使用曲線設計營造出舒適易居的空間。

MAP 附錄P10B3 ⊗MRT Ayala站步行5分 ⊕Ayala Av., Cor. Makati Av., Makati, Manila ☎02-813-8888 ⓩSuperior房12623P～、Deluxe房14700P～、行政房17287P～等 客房數 696間 URL www.shangri-la.com/cn

主要設施和服務 戶外泳池、健身房、SPA、按摩浴池、三溫暖、託嬰服務、網球場、24小時客房服務、商務中心、無線網路服務
餐廳&酒吧 Circles Event Cafe（多國菜）、Inagiku（日本料理）、香宮（中菜）

check!
玻璃帷幕的明亮大廳令人印象深刻。雅致的設計讓人備感舒適。

1：摩登設計的大套房
2：提供古典和菲律賓風格的大廳下午茶
3：挑高空間的大廳有著壓倒性的存在感

追求舒適的頂級設施

check!
殖民地風格的建築是馬卡蒂的地標。正面的噴水池前是拍照留念的地點。

馬卡蒂

馬尼拉半島飯店
The Peninsula Manila

踏進玄關的瞬間，豪華的挑高大廳引人進入異度空間。館內是以殖民地樣式為基調，再加入摩登風格的設計。MAP附錄P10B3 ⊗MRT Ayala站步行8分 Cor. of Ayala & Makati Av., Makati, Manila ☎02-887-2888 ⑭Superior房16000P~、Deluxe房17000P~ 客房數469間 URLwww.peninsula.com/manila/en/default

主要設施和服務 戶外泳池、健身房、SPA、託嬰服務、24小時客房服務、商務中心、無線網路服務
餐廳&酒吧 Old Manila（摩登歐洲菜）、Spices（亞洲菜）、Escolta（多國菜）、The Lobby（輕食）

能接觸到豪奢的精髓

1：開放寬敞的挑高大廳令人讚嘆
2：能讓人放鬆的簡單裝潢客房

馬卡蒂

都喜天闕馬尼拉飯店
Dusit Thani Manila

泰國的代表性連鎖飯店。配置高級家具的客房有著雅致的氛圍。飯店設施齊全，尤其是Devarana Spa受到世界高度的評價。MAP附錄P10B4 ⊗MRT Ayala站步行5分 ⑭Ayala Centre, Makati, Manila ☎02-238-8888 ⑭Deluxe房10900P~、Club Premium 12500P~、Club行政大套房14500P~ 客房數537間 URLwww.dusit.com/ja

主要設施和服務 戶外泳池、兒童泳池、健身房、SPA、24小時客房服務、商務中心、無線網路服務
餐廳&酒吧 Benjarong（泰國菜）、Umu（日本料理）、Pantry（多國菜）

check!
能品嘗到泰國宮廷佳餚的「Benjarong」，被評為馬尼拉最好的泰國菜餐廳。

1：擁有高級裝潢的客房
2：設計富麗堂皇的大廳

泰國的待客之道讓人從心開始放鬆

帕賽

馬尼拉菲律賓廣場索菲特飯店
Sofitel Philippines Plaza

面對馬尼拉灣的飯店是欣賞落日的絕佳地點。有能享受到多國菜餐廳和SPA等豐富的設施。MAP附錄P8A3 ⊗菲律賓文化中心車程5分 ⑭CCP Complex, Roxas Blvd., Pasay City, Manila ☎02-551-5555 ⑭Superior房12800P~、Luxury房16100P~、Luxury Club 21000P~等 客房數609間 URLwww.sofitel.com

主要設施和服務 戶外泳池、兒童泳池、健身房、SPA、24小時客房服務、商務中心、無線網路服務
餐廳&酒吧 Spiral（多國菜）、Sunset Bar（酒吧）

check!
在「Spiral」能享用到法國主廚推出的美味佳餚自助餐。

1：在古典設計的客房放鬆歇息
2：能欣賞到馬尼拉灣的餐廳——Spiral

馬尼拉灣的夕陽撫慰人心

馬尼拉大都會市中心

菲律賓鑽石飯店
Diamond Hotel Philippines

歷史悠久正統的飯店，因日本高官機要曾住宿過而有名。客房裝潢摩登，所有客房皆能將馬尼拉灣一覽無遺。MAP附錄P9A3 ⊗LRT Pedro Gil站步行13分 ⑭Roxas Blvd., Cor. Dr.J Quintos St., Manila ☎02-528-3000 ⑭Deluxe房18900P~、Deluxe Legacy房20100P~、行政大套房26800P~等 客房數500間 URLwww.diamondhotel.com

主要設施和服務 戶外泳池、健身房、SPA、按摩浴池、網球場、24小時客房服務、商務中心、無線網路服務
餐廳&酒吧 Corniche（多國菜）、有樂園（日本料理）、Lobby Lounge（輕食）、Bar 27（酒吧）

check!
一如其名位於27樓的「Bar 27」，在景色最好的夕陽時分人聲雜沓。夜景也絕美！

1：瀑布聲悅耳的游泳池
2：Deluxe房摩登的裝潢令人心情平靜

受到忠實顧客喜愛的細膩待客服務是魅力所在

入境菲律賓

從台灣有直飛班機前往馬尼拉和宿霧。從桃園機場前往馬尼拉有長榮航空、中華航空、菲律賓航空、亞洲航空和宿霧太平洋航空等營運直航班機。從高雄也有班機直飛馬尼拉。而從桃園機場前往宿霧則有長榮航空、亞洲航空和台灣虎航等營運直飛班機（2019年2月資訊）。

○ 入境條件

● **簽證**…需事先前往馬尼拉經濟文化辦事處辦理簽證，或於線上辦理電子簽證ETA。
● **護照所需的有效期限**…入境後停留天數＋6個月以上。

海關行李申報表格(Customs Baggage Declaration Form)

❶姓 ❷性別 ❸中間名 ❹出生年月日 ❺中間名 ❻國籍 ❼菲律賓的聯絡地址 ❽護照號碼 ❾離境日期 ❿出生國家 ⓫入境日期 ⓬班機號碼 ⓭船名 ⓮航次編號 ⓯隨行人員人數 ⓰聯絡電話 ⓰行李數量 ⓱旅客類型（觀光請勾選Non-Filipino）/旅遊目的(觀光請勾選Vacation)⓲親筆簽名（須與護照相同）/填單日期

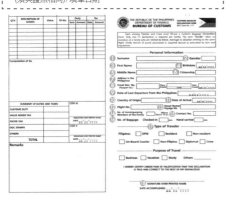

○ 入境流程

① 入境審查

在飛機內空服員會發入境單和海關申報單，建議先填寫完成。跟隨著抵達Arrival的標示前進入境審查處Immigration。向審查官出示護照和入境單。有時會被要求出示回程機票。

② 提領行李處

入境審查結束後，前往提領行李處從行李轉盤領取自己的行李。若有行李遺失的情況發生，請攜帶行李托運憑證前往行李服務櫃台Baggage Enquiry，向工作人員出示後進行後續處理事項。

③ 海關

領取行李後前往海關Customs。交給海關人員護照和海關申報單後接受檢查。若以觀光目的入境通常無須接受檢查，但有時需打開行李接受檢查。

④ 入境大廳

在大廳請注意扒手。也需留心被陌生人強迫幫拿行李，之後被迫收取小費的情況發生。

○ 入境菲律賓時的免稅範圍

● **主要免稅範圍**…
◎ 酒類…最多2瓶（各1L以內，且攜帶者須18歲以上）。
◎ 現金…超過現地貨幣50000P時必須取得許可。攜帶外幣等值US$10000以上時，必須申告。
◎ 香菸…400支，或雪茄50支、或菸草250g以內（18歲以上）。

○ 行李的注意事項

● **託運行李**…依利用的航空公司、艙等、國際線或國內線的不同，可託運的行李大小、重量和個數的限制也相異。請事先在各航空公司的官網確認託運規定。請注意若超過限重需另行付費。
● **隨身行李**…禁止攜帶危險物品。包括刀類、剪刀和高壓瓦斯。而手機、筆電等電子用品的備用電池和吸菸用打火機則禁止託運，請別忘了將此類物品放入隨身行李內（某些種類不可帶入機內）。
● **攜帶液體物品登機的限制**…國際線有攜帶液體物品登機的限制。飲料、化妝品和髮膠等液體物品，以及膠狀類、噴霧類等皆在限制範圍內。主要規範如下：
● 放入100ml以下的獨立容器
（總容量超過100ml的容器，即使僅放入部分液體也不可帶入飛機內）
● 含液體的容器需放入1ℓ以下的透明夾鏈袋內
● 夾鏈袋1人限帶1個。於隨身行李檢查時出示給檢查員檢閱
詳細規定請參照交通部民航局網站 URL www.caa.gov.tw

出境菲律賓

請在飛機起飛預定時刻的2小時前抵達機場。尤其馬尼拉的交通壅擠狀況嚴重,通常只需30分的車程,但若遇上塞車,則可能要花費超過1小時的時間才能抵達。請多預留時間前往機場吧。

⬤ 出境流程

從馬尼拉出境時,出境航廈會依航空公司有所不同,但原則上出境流程是一樣的。機場內也有咖啡廳和按摩店,但大多定價較高。

❶ 行李X光檢查

在出境航廈的入口需先接受行李X光檢查。X光檢查需耗費較多時間,所以建議早些前往排隊檢查。

❷ 報到

前往要搭乘的航空公司櫃台報到。出示護照和機票,託運大件行李,領取行李託運憑證Baggage Claim Tag和登機證。

❸ 支付出境稅

在宿霧出境需支付旅客航廈使用費──出境稅850P。若未攜帶披索可用美金支付。請於出境審查Immigration前方的支付櫃台繳費。而馬尼拉的出境稅皆包含在機票費用內,因此無需額外繳交。

❹ 出境審查

向出境審查官出示護照和登機證,審查官蓋下出境印戳後,領回護照和登機證。在宿霧出境時,請同時出示繳交旅客航廈使用費後拿到的憑證。

❺ 搭機

出境審查結束後,接受安全檢查,並依照登機證前往指定的登機門。乘機時有可能被要求出示護照。

⬤ 回國時的注意事項

● 主要免稅範圍(每位成人)…
◎酒類…1公升(須年滿20歲)。
◎菸類…捲菸200支或雪茄25支或菸絲1磅
(須年滿20歲)。
◎其他…
1.以合於本人自用及家用者為限
(1)非屬管制進口,並已使用過之行李物品,其單件或一組之完稅價格在新臺幣1萬元以下者。(2)免稅菸酒及上列以外之行李物品(管制品及菸酒除外),其完稅價格總值在新臺幣2萬元以下者。
2.旅客攜帶貨樣,其完稅價格在新臺幣1萬2,000元以下者免稅。

● 禁止暨限制進口之物品…
(1)毒品危害防制條例所列毒品(如海洛因、嗎啡、鴉片、古柯鹼、大麻、安非他命等)。(2)槍砲彈藥刀械管制條例所列槍砲(如獵槍、空氣槍、魚 槍等)、彈藥(如砲彈、子彈、炸彈、爆裂物等)及刀械。(3)野生動物之活體及保育類野生動植物及其產製品,未經行政院農業委員會之許可,不得進口;屬CITES列管者,並需檢附CITES許可證,向海關申報查驗。(4)侵害專利權、商標權及著作權之物品。(5)偽造或變造之貨幣、有價證券及印製偽幣印模。(6)所有非醫師處方或非醫療性之管制物品及藥物。(7)其他法律規定不得進口或禁止輸入之物品。

● 農畜水產品及動植物之相關規定…
(1)農畜水產品類,食米、熟花生、熟蒜頭、乾金針、乾香菇、茶葉各不得超過1公斤。(2)禁止攜帶活動物及其產品、活植物及其生鮮產品、鮮果實。但符合動物傳染病防治條例規定之犬、貓、兔及動物產品,經乾燥、加工調製之水產品及符合植物防疫檢疫法規定者,不在此限。

● 醫藥品之相關規定…
(1)旅客或隨交通工具服務人員攜帶自用之藥物, 不得供非自用之用途。(2)西藥:1.非處方藥:每種至多12瓶(盒、罐、條、支),合計以不超過36瓶(盒、罐、條、支)為限。2.處方藥:未攜帶醫師處方箋(或證明文件),以2個月用量為限。處方藥攜帶醫師處方箋(或證明文件)者,不得超過處方箋(或證明文件)開立之合理用量,且以6個月用量為限。
詳細規定暨資訊請見財政部關務署網站
URL https://web.customs.gov.tw/Default.aspx

從機場前往市區的交通方式

抵達機場後先確認好前往市區的移動方式！有的飯店可提供接送服務，
請事先確認。除此之外請利用下列的交通方式。

[宿霧] 宿霧的天空玄關是位於麥克坦島的麥克坦·宿霧國際機場。新建的第2航廈於
2018年7月落成，目前機場有兩座航廈，第1航廈為國內線航廈，第2航廈則
為國際線航廈。機場內有換匯所，可在機場內兌換披索，以便旅途中使用。

⬤ 麥克坦·宿霧國際機場

從麥克坦·宿霧國際機場前往市區

交通方式	說明	可利用時段	費用	所需時間
Coupon（機場）計程車	固定費率的計程車。告知櫃台目的地（飯店名）後先付費，之後搭乘指定的計程車	依飛機抵達時間配合行駛	前往麥克坦島飯店區域375～475P，到宿霧市區475～600P	前往麥克坦島飯店區域約20～30分，到宿霧市區約30～40分
附駕租車	在菲律賓租車，幾乎都是有附駕服務的。可在網路事先預約	依預約時間行駛	前往麥克坦島飯店區域500P～，到宿霧市區880P～	前往麥克坦島飯店區域約20～30分，到宿霧市區約30～40分
計程車	基本為跳錶制。一般的車輛為白色，而黃色車輛則費率較貴	24小時	前往麥克坦島飯店區域150P左右，到宿霧市區200P～。黃色計程車費用幾乎為翻倍	前往麥克坦島飯店區域約20～30分，到宿霧市區約30～40分

⭕ 安裝「旅外救助指南」APP，確認資訊！

下載安裝外交部領事事務局的「旅外救助指南」APP，能
隨時隨地瀏覽前往國家之基本資料、旅遊警示、遺失護照
處理程序、簽證以及我駐外館處緊急聯絡電話號碼等資
訊。

URL https://www.boca.gov.tw/cp-92-246-b7290-1.html

［馬尼拉］

馬尼拉的天空玄關為尼諾伊·艾奎諾國際機場。依航空公司不同，抵達的航廈也相異。航廈之間有一定的距離，移動時可搭乘免費的接駁巴士。

◯ 尼諾伊·艾奎諾國際機場

第1航廈：2F

長榮航空和中華航空的直航班機會抵達此航廈。

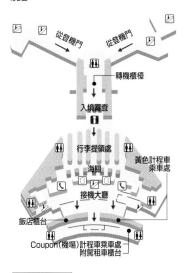

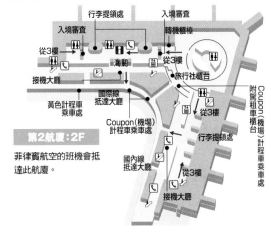

第2航廈：2F

菲律賓航空的班機會抵達此航廈。

第3航廈：1F

亞洲航空和宿霧太平洋航空的班機會抵達此航廈。

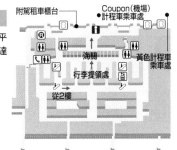

```
地圖記號索引
🚻 洗手間  🏦 銀行·換匯所  ℹ️ 服務處  📞 電話
🛗 電梯  🚶 手扶梯  🅡 餐廳  🚶 樓梯
```

從尼諾伊·艾奎諾國際機場前往市區

交通方式	說明	可利用時段	費用	所需時間
Coupon(機場)**計程車**	固定費率的計程車。在櫃台領取寫有金額的Coupon，於下車時付費。	依飛機抵達時間配合行駛	前往馬尼拉大都會市中心450～650P，到馬卡蒂為450P左右	前往馬尼拉大都會市中心約30～45分，到馬卡蒂約30～45分
附駕租車	在菲律賓租車，幾乎都是有附駕服務的。可在網路事先預約	依預約時間行駛	前往馬尼拉大都會市中心600P～，到馬卡蒂為750P～	前往馬尼拉大都會市中心約30～45分，到馬卡蒂約30～45分
計程車	基本為跳錶制。一般車輛為白色，而黃色車輛則費率較貴。若是搭乘夜間班機抵達馬尼拉的話，則不建議搭乘	24小時	前往馬尼拉大都會市中心150～300P，到馬卡蒂為250P～300P。黃色計程車費用幾乎為翻倍	前往馬尼拉大都會市中心約30～45分，到馬卡蒂約30～45分

旅遊常識

想度過舒適愉悅的菲律賓假期，有些基本知識您不可不知。
和台灣迥然不同的生活規則也不在少數，預先銘記在心吧！

［ 貨幣資訊 ］

流通的貨幣為披索（P）。輔幣為分（C）。
可搭配信用卡使用。

1P＝約0.6新台幣
（2019年5月）

◎ 紙幣・硬幣的種類

紙幣有20P、50P、100P、200P、500P和1000P
等，硬幣除了1P、5P和10P外，還有C1、C5、C10
和C25等，但分單位的硬幣較少流通於市。

C5

C10

C25

1P

5P

10P

20P

50P

100P

200P

500P

1000P

◎ 貨幣兌換

可在國際機場換匯所、銀行、飯店櫃台、街頭換匯商、購
物中心換匯所等地換匯。一般而言換匯商的匯率較佳，飯
店的匯率較差。但是街頭換匯商可能會有在金額上動手腳
的惡質行為，請多加留意。在購物中心內的換匯所換匯則
不用擔心會被欺騙，適合旅行者利用。

◎ 信用卡和ATM

信用卡在國際連鎖的大型飯店皆能使用。此外，著名品牌
店或大型購物中心幾乎也能使用，但小型店鋪有可能會拒
絕信用卡的使用。計程車、吉普尼、巴士和LRT&MRT僅
接受現金支付。除了部
分ATM之外，其他皆
可24小時使用。

不可使用舊紙幣

2010年發行嶄新設計的紙幣，10P紙幣已停止使用，
目前一共有6種紙幣。請注意從2017年4月起所有舊
紙幣皆不可使用，也無法兌換成新紙幣。

［ 季節行事曆 ］

節慶假日及其前後日期，餐廳、商店和銀行有可能
暫停營業。決定旅行日期前請先確認！

◎ 節慶假日

1月1日	元日
2月5日	農曆新年★
2月25日	EDSA革命紀念日
4月9日	勇者紀念日
4月18日	聖星期四★
4月19日	聖星期五★
5月1日	勞動節
6月12日	獨立紀念日
8月21日	尼諾伊・艾奎諾紀念日

（農曆新年期間中國城熱鬧非凡）

（榴槤和荔枝等水果最好吃的時期！）

8月27日	國家英雄日★
11月1日	諸聖人日
11月30日	民族英雄Bonifacio紀念日
12月25日	聖誕節
12月30日	革命英雄日
12月31日	除夕

（9～10月是颱風好發的時期請多加留意）

（從除夕到元旦舉國歡騰。請盡量避免外出）

※ 以上為2018年6月～2019年5月的節慶假日
（★的日期每年可能有所不同）

◯ 平均氣溫和降雨量

菲律賓全年皆為高氣溫。
馬尼拉和宿霧的降雨量依時期不同。

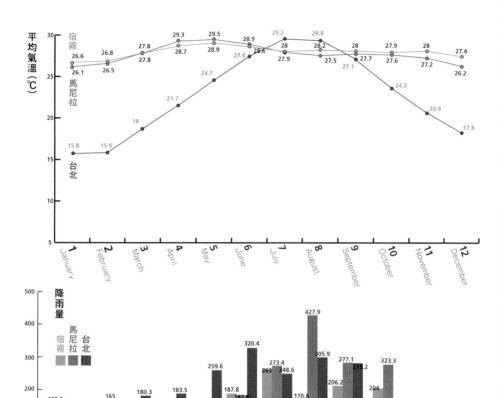

※氣溫和降雨量的數值為2018年氣象局的資料

◯ 服裝

乾季 12~5月

菲律賓屬於熱帶季風型氣候，一整年皆高溫潮濕。平均氣溫為26~29℃，基本上穿著短袖即可。12~2月的氣溫相對較低，建議攜帶長袖外套前往。4月起海水溫度會逐漸變高，但從年底到2月時水溫可能較低。

雨季 6~11月

雨季時幾乎每天都會有午後陣雨，務必記得攜帶雨具。由於菲律賓排水系統不完善，街上常積水。宿霧等地不如馬尼拉雨季和乾季分明。7~9月時維薩亞斯群島、呂宋島南部和民答那峨島東北部是季風路徑經過之地，搭船移動時需格外留心。

［ 電話的撥打方式 ］

⭕ 菲律賓國內電話

不同家的電信公司會設置各公司自有的公共電話。使用公共電話可撥打市內電話、長途電話和國際電話。但可使用硬幣的機種較少，大多需另外購買該機種適用的電話卡。使用卡式公共電話撥打市內電話的費率為3分2P。

⭕ 國際電話

台灣→菲律賓

台灣國際冠碼 （或各家電信公司的國際冠碼）		菲律賓國碼		除去區碼開頭的0
002	+	63	+	對方的電話號碼

＊採用各家電信公司的國際冠碼時，通話費用視各電信公司而異。

菲律賓→台灣

分為直撥和透過接線總機等2種方式。
過去多需透過接線總機通話，但現在大多地方都可直接撥打國際電話。

⭕ 直撥方式

菲律賓國際冠碼		台灣國際冠碼		除去區碼開頭的0
00	+	886	+	對方的電話號碼

［ 關於網路 ］

雖然街上有網咖，但電腦有可能無中文輸入法。在飯店內的商務中心會有電腦可用。在機場、觀光服務處、部分咖啡廳、飯店和購物中心等處有提供免費的Wi-Fi服務。若想持續使用Wi-Fi，可選擇租借出國用的Wi-Fi機。在機場也有販售SIM卡。

大多飯店有提供免費的Wi-Fi

［ 郵件·小包裹的寄送方式 ］

⭕ 明信片、信件

菲律賓的郵政系統不甚理想。在街上未設有郵筒，想購買郵票或寄信時，拜託飯店的櫃檯幫忙較為簡單。寄往台灣的信件20g以內約20P左右，明信片則是15P左右，寄送時間約1～2週。

⭕ 小包、宅配

從郵局寄送小包至台灣，空運約7～14日左右，EMS（國際快捷）約3～5日送達。國際宅配服務如DHL等公司，只需電話聯絡便會前來收取要寄送的包裹。

〔 其他旅遊知識 〕

⭕ 飲用水

飲用水要十分注意，除了生水外，飯店房內的自來水也絕對不要喝。旅遊期間請飲用礦泉水。便利商店500ml的礦泉水約15P左右。餐廳等店家提供的冰塊也需注意，白色混濁的冰很有可能是未經煮沸、直接冷凍自然水製成的。

⭕ 洗手間

基本上是坐式馬桶，但某些鄉下地方可能為蹲式馬桶。而坐式馬桶大多沒有坐墊。多數洗手間不會提供衛生紙，請記得需自備面紙。洗手間內會放置水桶和水勺，菲律賓的習慣是在如廁後用水勺沖水洗淨，而非用紙擦拭。若是使用衛生紙，使用完後請丟入垃圾桶而非馬桶。

⭕ 電壓和插座

電壓為110或220伏特，60赫茲。如遇到電壓為220伏特的狀況，要使用台灣的電子產品時，需用變壓器。插座形式有3種，分別為A（和台灣相同）、C和B3。大多地方有A型插座可用。

A型插座

⭕ 小費

菲律賓有收取12%的增值稅。此外還有給予小費的習慣。接受服務之後，以下列的標準給予小費吧。

機場、飯店的行李生……1件行李10P
客房整理…10～20P（1間房）
飯店的客房服務……20P～
路上攔的計程車…車資的10%
餐廳（不含服務費時）…餐費的10%左右

⭕ 禮儀

某些餐廳和飯店禁止穿著涼鞋、短褲等服裝入內。此外，在餐廳、迪斯可和賭場等處享受夜生活時，男性需穿著有領襯衫搭配輕薄的西裝褲，女性則穿著輕薄的連身洋裝較有禮貌。

⭕ 吸菸

2017年7月由總統頒發法令後，菲律賓全國禁止吸菸。但因行政區而有所差異，例如在馬尼拉的馬卡蒂市內，在未滿100㎡的公共設施內禁止吸菸，而在100㎡以上面積的設施，則只能在吸菸室中抽菸。若違反則科以罰金。

餐廳的貼心服務以小費回饋！

請注意MRT車站內也是全面禁菸！

[突發狀況對應方式]

◯ 治安

避免夜間單獨一人上街，即使是白天也盡量不要進入人煙稀少的巷弄。此外，在觀光景點、購物中心和機場等旅客眾多之處，請留心扒手。出發前可至外交部領事事務局網站（→P124）查閱旅外安全資訊，確認當地最新情況。

● **安眠藥強盜**…曾有在公園、街上或用餐時被搭話「一起用餐吧」，拿到的飲料中摻有安眠藥的案例發生。請特別注意從陌生人手中拿到的飲料及食物。
● **逛街時的注意事項**…上街時不配戴貴重的首飾珠寶。由於台灣人膚色相對較白，本身就蠻醒目的，因此更要避免穿著看似昂貴的服飾或飾品。

◯ 生病、受傷時

參團者請立即和領隊聯絡。自由行者若有加入海外旅遊保險，請立即撥打緊急聯絡電話。若情況較為嚴重，可拜託飯店櫃檯請醫生或救護車前來。請索取診斷書和收據等，以便回國時向保險公司請款。

◯ 遭竊、遺失時

● **護照**…前往中華民國駐菲律賓代表處。遺失補發護照需①護照申請書1份（並自行影印1份）及護照遺失申報單1張②警察局出具之遺失護照報案證明正影本各1份③6個月內的2吋白底大頭照2張④菲國居留證件正影本各1份⑤電報費210P⑥規費2350P。作業時間約14個工作天。若急需歸國者可申請入國申明書，回台後於機場申請入國許可證，再至外交部辦理新護照即可。

● **信用卡**…請立即連絡信用卡公司掛失。建議事先即記下卡號與有效期限。

● **機票**…最近的主流為無紙本的電子機票，只需出示能確認為本人的證件（購買機票時使用的信用卡、護照號碼或駕照等）即可登機。若遺失非電子機票的實體機票時，請先連絡航空公司。由於會被詢問購買機票的日期和地點，所以請事先記錄於別處。但大多情形是需重新購買一張。若是正規機票的話，只要有當地警察發行的遺失證明書，而遺失的機票若未被不當使用，就能獲得退款。廉價航空機票基本上不會退款。

◯ 旅遊便利貼

中華民國國內

◯ 旅遊相關機構資訊
● 馬尼拉經濟文化辦事處
☎02-2658-8825
● 菲律賓觀光部台灣分處
☎02-2658-2851
URL http://www.itsmorefuninthephilippines.com.tw/
● 外交部領事事務局
☎02-2343-2888
URL https://www.boca.gov.tw/mp-1.html

◯ 機場資訊
● 桃園國際機場
☎03-2735081（第一航廈）
☎03-2735086（第二航廈）
URL https://www.taoyuan-airport.com/chinese
● 高雄國際航空站
☎07-805-7631（國際線）
URL https://www.kia.gov.tw/

菲律賓

◯ 緊急聯絡資訊
● 中華民國駐菲律賓代表處
⊕41F, Tower 1, RCBC Plaza, 6819 Ayala Avenue, Makati City 1200, Metro Manila, Philippines
☎(+63) 917-8194597 / 0917-8194597（緊急聯絡電話）
URL https://www.roc-taiwan.org/ph/index.html
※急難救助電話專供緊急求助之用（如車禍、搶劫、有關生命安危緊急情況等），非急難重大事件，請勿撥打；一般護照、簽證等事項，請於上班時間以辦公室電話查詢。
● 旅外國人急難救助服務專線
☎0800-085-095
（號碼諧音『你幫我 你救我』。須自付國際電話費用）
URL https://www.boca.gov.tw/cp-87-2121-7a5da-1.html

攜帶物品LIST ♥♥

要放入隨身行李的物品

☐ 護照　　　　　☐ 化妝品類
☐ 手機　　　　　☐ Wi-Fi機
☐ 文具、筆記本　☐ 旅遊書
☐ 機票（電子機票）☐ 圍巾、口罩
☐ 面紙、手帕　　☐ 照相機
☐ 錢包　　　　　☐ 備用電池
　（信用卡、現金）

※液體或乳液類請放入100ml以內的容器。
並且全部放入透明夾鏈袋攜帶→P116

要放入行李箱託運的物品

☐ 換洗衣服、內衣類　☐ 生理用品
☐ 牙刷組　　　　　　☐ 轉換插頭
☐ 隱形眼鏡　　　　　☐ 雨具
☐ 眼鏡　　　　　　　☐ 泳裝
☐ 化妝品類　　　　　☐ 太陽眼鏡
☐ 防曬乳液　　　　　☐ 鞋子(沙灘涼鞋等)
☐ 拖鞋　　　　　　　☐ 帽子
☐ 常備藥品　　　　　☐ 沐浴用品
　　　　　　　　　　　（洗面乳、洗髮精等）
☐ 防蟲噴霧　　　　　☐ 折疊式備用袋

有帶會更加方便的物品列表！

（讓整個旅程舒適愉快）

☐ **毛巾**(方便包裹易碎物品♪)

☐ **梳子、髮圈**（飯店可能不提供！）　　☐ **泡澡劑**(立即舒緩旅途的疲勞)

☐ **塑膠袋**(擺放穿過的衣服)　　　　　☐ **除菌濕紙巾**(大多地方不提供濕紙巾)

☐ **飛機內用的頸枕**(適合長時間飛行)　☐ **OK繃**(防止腳跟磨破皮)

MEMO

護照號碼

護照發照日期　　　　　年　　　　　月　　　　　日

護照有效日期　　　　　年　　　　　月　　　　　日

住宿地地址

去程班機號碼

回程班機號碼

出國　　　　　　　　　　　　　　回國
　　　年　　　月　　　日　　　　　　　年　　　月　　　日

宿霧

🍴Abaca Baking Company
····· P56
🍴Abaca Restaurant ···· P53
🎸Alergre Guitars ···· P70
▶Anthill Fabric Gallery ·· P49
🍴Anzani ···· P68
🍴Aozora Seaside Restaurant
····· P53
▶Aquamarine Ocean Tours P40
💆Arnika Spa ···· P61
💆Aum Spa ···· P59
🎸Ayala Center Cebu ·· P47
🍴Bellini ···· P63
🛍Bench ···· P46
🍴Birdseed Breakfast
Club+Café ···· P57
🍴Blu Bar & Grill ···· P62
▶Blue Coral ···· P37
🍴Café Georg ···· P68
🍴Café Laguna ···· P55
🍴Café Sarree ···· P57
💆Cara Spa ···· P59
💆Chi Spa ···· P58
🍴Chika-An Sa Cebu ···· P55
🍴Choobi Choobi ···· P54
🎸Confit ···· P46
🍴Crazy Crab Restaurant ·· P54
🍴Cowrie Cove ···· P52
💆Eco Spa ···· P61
🍴EL Sueño Resort & Restaurant
····· P67
🎸Gaisano Mactan ···· P69
🍴Gelatissimo ···· P17
🍴Gold Mango ···· P67
🍴Golden Cowrie Filipino
Kitchen ···· P47
🍴Guest Urban Café+Wine Bar·
····· P63
🎸Healthy Options ···· P47
🍴Hola España ···· P66
🍴House of Lechon ···· P54
🍴Ibiza Beach Club ···· P62
🍴Ice Castle ···· P17
🍴Ice Giants ···· P16
🍴Isla Sugbu Seafood City ·· P55
🎸Island Souvenirs ···· P49

🎸J Center Mall ···· P46
🍴Jazz'n Bluz ···· P63
🍴Jollibee Park Mall店 ···· P55
🍴Kalachuchi Fushion Cuisine &
Grill Restaurant ···· P67
▶KSB Travel ···· P45
🎸Kultura ···· P48
🍴Lantaw Floating Native
Restaurant ···· P66
🍴Lantaw Restaurant ···· P39
🍴Lantaw Seafood & Grill ·· P53
📷Liv Super Club ···· P63
💆Maligaya Spa ···· P60
🍴Maribago Grill & Restaurant··
····· P66
🍴Marina Seaview ···· P53
🍴Maya ···· P63
🍴Metro Supermarket ···· P51
💆Mogambo Springs ···· P59
🍴Moon Cafe ···· P68
▶My Bas Desk ···· P65
🎸National Book Store ···· P47
🍴No.9 Restaurant ···· P69
💆Noah Stone & Spa Resort P61
💆Nuat Thai ···· P60
🍴Oyster Bar Seafood
Restaurant ···· P69
🎸Prince City Hall ···· P48
▶PTN Travel ···· P65
🍴Royal Krua Thai ···· P68
🎸Rustan's ···· P51
🎸Savemore ···· P51
🍴Scape Skydeck ···· P66
▶Scotty's Action Sports
Network ···· P40
🍴Sharky's Bar & Grill ···· P67
🎸SM City Cebu ···· P69
🎸SM Hyper Market ···· P46
🎸SM Seaside City Cebu ···· P69
🍴Sunny Side Up ···· P47
🍴Tavolata ···· P68
💆Thai Boran ···· P60
🍴The Look ···· P46
🍴The Mango Farm ···· P16
📷Tops ···· P63
💆Tree Shade Spa ···· P70
🍴Tymad Bistro ···· P57

🍴Western Steak House ···· P67
🍴Yolk Coffee & Breakfast ·· P57
▶夕陽遊船 ···· P44
📷水藍城賭場 ···· P66
📷卡邦市場 ···· P43
🍴呑ん気 ···· P69
▶和鯨鯊一同悠游的行程 ·· P13
▶拉普拉普像和麥哲倫紀念碑···
····· P66
▶空海 ···· P67
🏨阿巴卡精品度假村 ···· P30
🏨皇冠麗晶飯店 ···· P70
🏨科爾多瓦珊瑚礁度假村 ·· P32
🏨香格里拉麥丹島度假酒店 ·· P23
🏨哥斯達貝拉熱帶海灘飯店 · P33
▶島嶼野餐 ···· P34
🏨宿霧J公園島水上樂園度假村
····· P29
🏨宿霧太平洋度假村 ···· P33
🏨宿霧水藍城飯店&賭場 ···· P70
📷宿霧市區行程 ···· P42
🏨宿霧白沙SPA度假村 ···· P33
🏨宿霧馬可波羅酒店 ···· P70
🏨宿霧麥克坦島瑞享飯店 ···· P27
🏨宿霧麗笙酒店 ···· P70
🏨深紅SPA度假酒店 ···· P28
▶麥克坦島周邊雙船潛水體驗 ·
····· P37
📷麥哲倫十字架 ···· P42
🏨奧左拉海濱馬丹度假屋 ···· P32
📷聖佩德羅堡 ···· P42
📷聖嬰聖殿 ···· P42
📷道教寺院 ···· P43
🏨種植園海灣度假村 ···· P26
📷墨寶的純白沙灘 ···· P38
🏨普爾基拉度假村 ···· P24
🍴韓陽苑 ···· P68
🏨藍水邁瑞柏高海灘度假村 ·· P31

薄荷島

▶Chocolate Hills Active Plan ··
····· P14
🍴Oasis Resort Restaurant ·· P77
🍴Pilya! Basta Cuisine ···· P77
🍴Pyramid Restaurant ···· P76
🍴Shaka ···· P77
▶巴里卡薩島 ···· P76

巧克力山 …… P14、75
艾絲卡亞海灘度假村 …… P78
血盟紀念碑 …… P75
貝爾維尤度假村 …… P80
邦勞海灘藍水度假村 …… P80
阿巴坦河賞螢火蟲 …… P77
阿莫里塔度假村 …… P79
阿羅那海灘 …… P76
阿羅納海灘赫納度假村 …… P79
眼鏡猴保護區域 …… P74
聖母無原罪大教堂 …… P75
薄荷島1Day行程 …… P74
薄荷島孔雀園 …… P80
薄荷海灘俱樂部度假村 …… P79
羅伯克河遊船 …… P74

長灘島

Boracay Tantan Men …… P86
D'mall …… P86
D' Talipapa …… P87
Island Staff …… P85
Nothing But H2O …… P87
Smoke …… P87
Surfside Travel Service …… P85
True Food …… P86
Valhalla …… P87
Victory Divers …… P85
水晶洞窟 …… P86
長灘島文華海島飯店 …… P90
長灘島兩季度假村 …… P87
長灘島拉索利德飯店 …… P87
長灘島海濱渡假村 …… P90
長灘島區飯店 …… P90
長灘島探索海灘度假村 …… P89
香格里拉長灘島度假酒店 …… P88
普卡沙灘 …… P86
赫南麗晶Spa度假村 …… P89
鱷魚島 …… P86

北巴拉望

巴拉望俱樂部樂園度假村 … P95
卡薩卡勞飯店 …… P96
米尼洛島愛妮島度假村 …… P95
艾爾尼多拉根度假村 …… P93
昆內特拉里奧瑪度假村 …… P96
阿普莉亞假村 …… P94
潘古拉西安島艾爾尼多度假村 …… P97

…… P92

馬尼拉

Alba …… P111
Artwork …… P103
Attic Tours …… P109
Ayala Center …… P103
Ayala博物館 …… P110
Barbara's …… P111
Bayo …… P102
Bibingkinitan …… P102
Bistro Remedio …… P104
Blue Post Boiling Crabs &
　Shrimps …… P105
Bonifacio High Street …… P111
Café Adriatico …… P110
Cerveseria …… P103
Fely J's Kitchen …… P105
Firefly Roof Deck …… P107
Fish & Co. Seafood in Pan
　 …… P105
Glorietta …… P103
Greenbelt …… P103
Harbor View Retaurant …… P104
Ilustrado …… P111
Kultura …… P102
La Tienda …… P111
Mesa …… P103
My Bas Desk …… P109
Papemelroti …… P103
People Are People …… P102
Philipiniana …… P103
Razon's …… P102
Sala Bistro …… P111
Seafood Market …… P105
Sentro 1771 …… P111
Sky Deck View Bar …… P107
SM Mall of Asia …… P102
Sunset Bar …… P106
The Singing Cooks & Waiters
　 …… P110
Vu's Sky Bar & Lounge …… P107
White Moon Bar …… P106
大都會美術館 …… P110
卡撒馬尼拉博物館 …… P101
岷倫洛教堂 …… P101
拿撒勒黑耶穌聖殿 …… P101

格言飯店 …… P112
索萊爾賭場度假村 …… P113
馬卡蒂香格里拉飯店 …… P114
馬尼拉大教堂 …… P100
馬尼拉半島飯店 …… P115
馬尼拉菲律賓廣場索菲特飯店
　 …… P115
馬尼拉雲頂世界 …… P110
馬尼拉飯店 …… P114
馬尼拉萬豪飯店 …… P113
馬尼拉諾布夢想之城飯店
　 …… P113
馬拉特教堂 …… P100
都喜天闕馬尼拉飯店 …… P115
菲律賓鑽石飯店 …… P115
聖地牙哥堡 …… P100
聖奧古斯丁教堂 …… P101
聖賽巴斯汀教堂 …… P101

時尚・可愛・慢步樂活旅

ララチッタ

PHILLIPINES
CEBU ISLAND, MANILA

國家圖書館出版品預行編目（CIP）資料

菲律賓 宿霧／
JTB Publishing,Inc.作；
　武濰揚翻譯. -- 第一版. -- 新北市：
　人人, 2019.08　面；公分. --
（叩叩世界系列；22）

ISBN 978-986-461-189-8（平裝）
1.旅遊 2.島嶼 3.菲律賓
739.19　　　　　　　　108008437

【叩叩世界系列 22】

菲律賓 宿霧

作者／JTB Publishing, Inc.

翻譯／武濰揚

編輯／林庭安

校對／李詩涵

發行人／周元白

排版製作／長城製版印刷股份有限公司

出版者／人人出版股份有限公司

地址／23145 新北市新店區寶橋路235巷6弄6號7樓

電話／（02）2918-3366（代表號）

傳真／（02）2914-0000

網址／http://www.jjp.com.tw

郵政劃撥帳號／16402311 人人出版股份有限公司

製版印刷／長城製版印刷股份有限公司

電話／（02）2918-3366（代表號）

經銷商／聯合發行股份有限公司

電話／（02）2917-8022

第一版第一刷／2019年8月

定價／新台幣350元
　　　港幣117元

日本版原書名／ララチッタ　セブ島　フィリピン
日本版發行人／宇野尊夫
Lala Citta Series
Title:PHILLIPINES CEBU ISLAND, MANILA
©2018 JTB Publishing, Inc.
All Rights Reserved
First published in Japan in 2018 by JTB Publishing, Inc. Tokyo
Chinese translation rights arranged with JTB Publishing, Inc.
through Creek and River Co., Ltd Tokyo
Chinese translation copyright © 2019 by Jen Jen Publishing Co., Ltd.

人人出版好本事
提供旅遊小常識＆最新出版訊息
回答問卷還有送小贈品
部落格網址：http://www.jjp.com.tw/jenjenblog/

菲律賓
附錄MAP

宿霧全圖　P2-3

宿霧市區　P4-5

麥克坦島　P6

阿羅那海灘（薄荷島）／

長灘島　P7

馬尼拉大都會廣域圖　P8

馬尼拉大都會市中心　P9

馬卡蒂　P10

菲律賓全圖　P11

宿霧的島內交通　P12-13

馬尼拉的市內交通　P14-15

地圖記號索引

⛪教堂　ℹ️觀光服務處　✈機場

📍巴士站　🚕計程車乘車處　🏦銀行　✉郵局　🏥醫院　⊗警局

宿霧全圖

N

20km

0

2

雷伊泰島
Leyte Is.

Ponson Is.

卡莫特斯群島
Camotes Islands

Poro Is.

Pacijan Is.

卡莫特斯海
Camotes Sea

Maya

Daan Bantayan

Medellin

Bogo

Hagnaya

Tabogon

San Remigio

Sogod

Gihitngil Is.

Santa Fe

Tabuelan

Carmen

Bantayan

Danao

Balamban

宿霧
Cebu Is.

Liloan

麥克坦島
Mactan Is.

宿霧市區
Mandaue City

附錄P4-5

Talisay

Toledo

Don Islands

Molocaboc Is.

塔濃海峽
Tanon Strait

Cadiz

Refugio Is.

San Carlos

內格羅斯島
Negros Is.

2

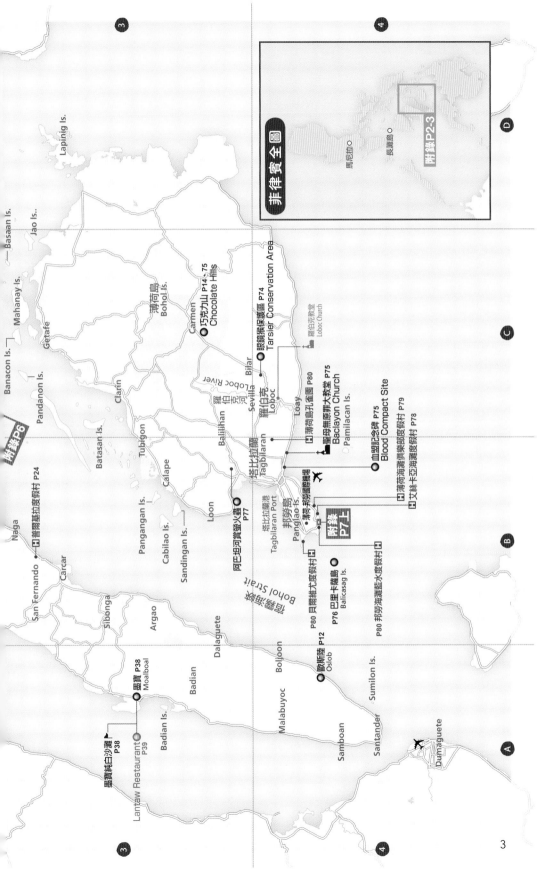

菲律賓全圖

附錄P2-3

馬尼拉 ○
長灘島 ○

Lapinig Is.

Basaan Is.

Jao Is.

Mahanay Is.

Banacon Is.

Pandanon Is.

Getafe

附錄P6

Naga

San Fernando

Carcar

Sibonga

Argao

Dalaguete

Badian

Badian Is.

Moalboal
墨寶 P38

墨寶純白沙灘 P38
Lantaw Restaurant P39

Malabuyoc

Samboan

Santander

Dumaguete

Sumilon Is.

歐斯陸 P12
Oslob

巴里卡薩島 P76
Balicasag Is.

邦勞海灘藍色度假村 P80

貝爾維尤度假村 P80
Panglao Is.
邦勞島

Batasan Is.

Tubigon

Pangangan Is.

Cabilao Is.

Sandingan Is.

Calape

Loon

Clarin

Baljikihan

薄荷島 Bohol Is.

普爾基拉度假村 P24

阿巴坦河螢火蟲 P77

Carmen

巧克力山 P14、75
Chocolate Hills

Loboc River 羅伯克河

Sevilla 羅伯

Bilar

眼鏡猴保護區 P74
Tarsier Conservation Area

羅伯島宗教堂
Loboc Church

薄荷島孔雀園 P80

聖母無原罪大教堂 P75
Baclayon Church
Pamilacan Is.

血腥記念碑 P75
Blood Compact Site

薄荷海灘俱樂部度假村 P79

艾芙卡亞海灘度假村 P78

Loay

Tagbilaran
塔比拉蘭

塔比拉蘭港
Tagbilaran Port

塔比拉蘭國際機場
薄荷-邦勞國際機場

附錄 P7上

Bohol Strait 薄荷海峽

3

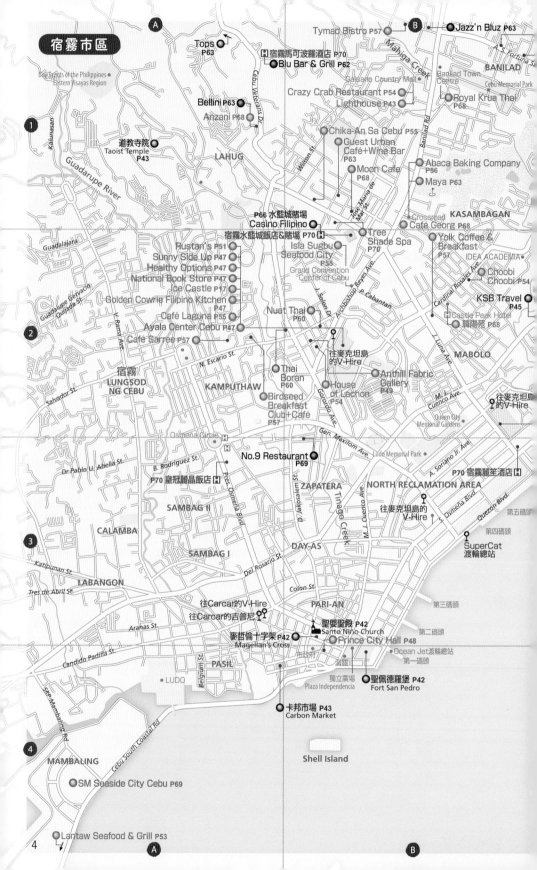

宿霧市區

Boyscouts of the Philippines ●
Eastern Visayas Region

A

B

Tops **P63**

Tymad Bistro **P57**

Jazz'n Bluz **P63**

A.S. Fortuna St.

BANILAD

宿霧馬可波羅酒店 **P70**
Blu Bar & Grill **P62**

Bellini **P63**

Anzani **P68**

道教寺院
Taoist Temple
P43

Gaisano Country Mall

Crazy Crab Restaurant **P54**
Lighthouse **P43**

Banilad Town
Centre

Cebu Memorial Park

Royal Krua Thai
P68

LAHUG

Chika-An Sa Cebu **P55**

Guest Urban
Café+Wine Bar
P63

Moon Cafe
P68

Abaca Baking Company
P56

Maya **P63**

KASAMBAGAN

Cebu Veterans Dr.

Guadalupe River

Guadalajara

Guadalupe Getyacio Quijada St.

V. Rama Ave.

1

2

Crossroad
Café Georg **P68**

P66 水藍賭場
Casino Filipino

宿霧水藍城飯店&賭場 **P70**

Isla Sugbu
Seafood City
P55
Grand Convention
Center of Cebu

Tree
Shade Spa
P70

Yolk Coffee &
Breakfast
P57

IDEA ACADEMIA

Choobi
Choobi **P54**

KSB Travel
P45

Castle Peak Hotel
韓陽苑 **P68**

Rustan's **P51**
Sunny Side Up **P47**
Healthy Options **P47**
National Book Store **P47**
Ice Castle **P17**
Golden Cowrie Filipino Kitchen
P47
Café Laguna **P55**
Ayala Center Cebu **P47**
Café Sarree **P57**

Nuat Thai
P60

往麥克坦島
的V-Hire

Anthill Fabric
Gallery
P49

MABOLO

往麥克坦島
的V-Hire

宿霧
LUNGSOD
NG CEBU

Salvador St.

N. Escario St.

KAMPUTHAW

Thai
Boran
P60

Birdseed
Breakfast
Club+Café
P57

House
of Lechon
P54

M.J.
Cuenco Ave.

Queen City
Memorial Gardens

Osmeña Grinds

Gen. Maxilom Ave.

Ludo Memorial Park

Dr Pablo U. Abella St.

B. Rodriguez St.

No.9 Restaurant
P69

A. Soriano Jr. Ave.

P70 宿霧麗笙酒店

P70 皇冠麗晶飯店

ZAPATERA

NORTH RECLAMATION AREA

SAMBAG II

CALAMBA

SAMBAG I

Del Rosario St.

DAY-AS

往麥克坦島的
V-Hire

SuperCat
渡輪總站

第五碼頭

第四碼頭

3

Katipunan St.

LABANGON

Tres de Abril St.

Colon St.

PARI-AN

第三碼頭

第二碼頭

Aranas St.

往Carcar的V-Hire

往Carcar的吉普尼

PASIL

● LUDO

聖嬰聖殿 **P42**
Santo Niño Church

Prince City Hall **P48**

Ocean Jet 渡輪總站

第一碼頭

麥哲倫十字架 **P42**
Magellan's Cross

Candido Padilla St.

SRP-Mambaling Rd.

Cebu South Coastal Rd.

卡邦市場 **P43**
Carbon Market

聖佩德羅堡 **P42**
Fort San Pedro

Plaza Independencia

Shell Island

4

MAMBALING

SM Seaside City Cebu **P69**

Lantaw Seafood & Grill **P53**

4

A

B

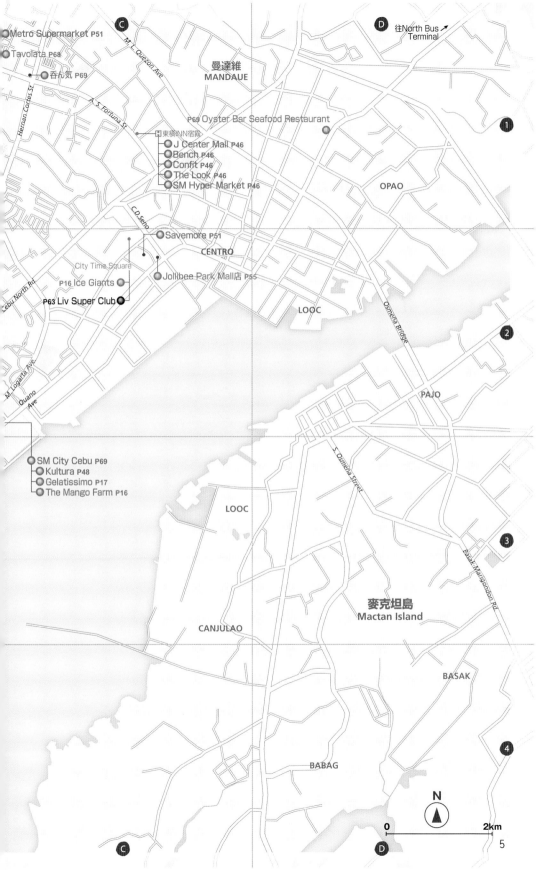

Metro Supermarket P51

Tavolata P68

呑ん気 P69

M. L. Quezon Ave

C

D 往North Bus ↗
Terminal

曼達維
MANDAUE

Hernan Cortes St.

A. S. Fortuna St.

P69 Oyster Bar Seafood Restaurant

1

東横INN宿霧

J Center Mall P46
Bench P46
Confit P46
The Look P46
SM Hyper Market P46

OPAO

C.D.Seño

Savemore P51

CENTRO

Cebu North Rd.

City Time Square

P16 Ice Giants

P63 Liv Super Club

Jollibee Park Mall店 P55

LOOC

Osmeña Bridge

2

M. Logarta Ave.

Ouano Ave

PAJO

SM City Cebu P69
Kultura P48
Gelatissimo P17
The Mango Farm P16

S. Osmeña Street

LOOC

Basak-Marigondon Rd.

3

麥克坦島
Mactan Island

CANJULAO

BASAK

4

BABAG

N

0   2km

C   D

5

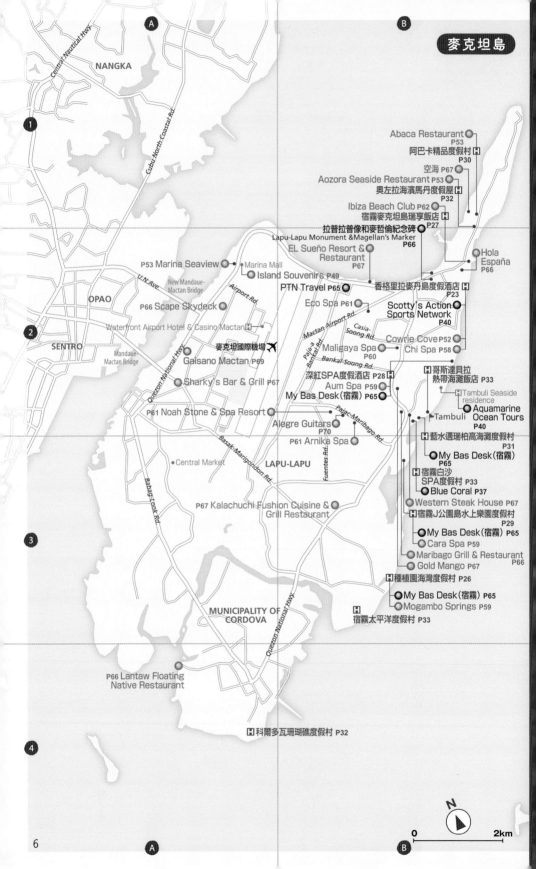

麥克坦島

Abaca Restaurant P53
阿巴卡精品度假村 P30
空海 P67
Aozora Seaside Restaurant P53
奧左拉海濱馬丹度假屋 P32
Ibiza Beach Club P62
宿霧麥克坦島瑞享飯店 P27
拉普拉普像和麥哲倫紀念碑
Lapu-Lapu Monument &Magellan's Marker P66
EL Sueño Resort & Restaurant P67
P53 Marina Seaview
Marina Mall
Island Souvenirs P49
PTN Travel P65
香格里拉麥克丹島度假酒店 P23
Hola España P66
Eco Spa P61
Scotty's Action Sports Network P40
P66 Scape Skydeck
Waterfront Airport Hotel & Casino Mactan
Cowrie Cove P52
Chi Spa P58
麥克坦國際機場
Maligaya Spa P60
哥斯達貝拉熱帶海灘飯店 P33
Gaisano Mactan P69
Tambuli Seaside residence
Aquamarine Ocean Tours P40
Sharky's Bar & Grill P67
深紅SPA度假酒店 P28
Aum Spa P59
My Bas Desk(宿霧) P65
Tambuli
藍水邁瑞柏高海灘度假村 P31
P61 Noah Stone & Spa Resort
Alegre Guitars P70
P61 Arnika Spa
My Bas Desk(宿霧) P65
宿霧白沙 SPA度假村 P33
Blue Coral P37
Western Steak House P67
宿霧J公園島水上樂園度假村 P29
My Bas Desk(宿霧) P65
P67 Kalachuchi Fushion Cuisine & Grill Restaurant
Cara Spa P59
Maribago Grill & Restaurant P66
Gold Mango P67
種植園海灣度假村 P26
My Bas Desk(宿霧) P65
Mogambo Springs P59
宿霧太平洋度假村 P33

NANGKA

OPAO

SENTRO

New Mandaue-Mactan Bridge
Mandaue-Mactan Bridge
Central Market
LAPU-LAPU
MUNICIPALITY OF CORDOVA

P66 Lantaw Floating Native Restaurant

科爾多瓦珊瑚礁度假村 P32

N

0   2km

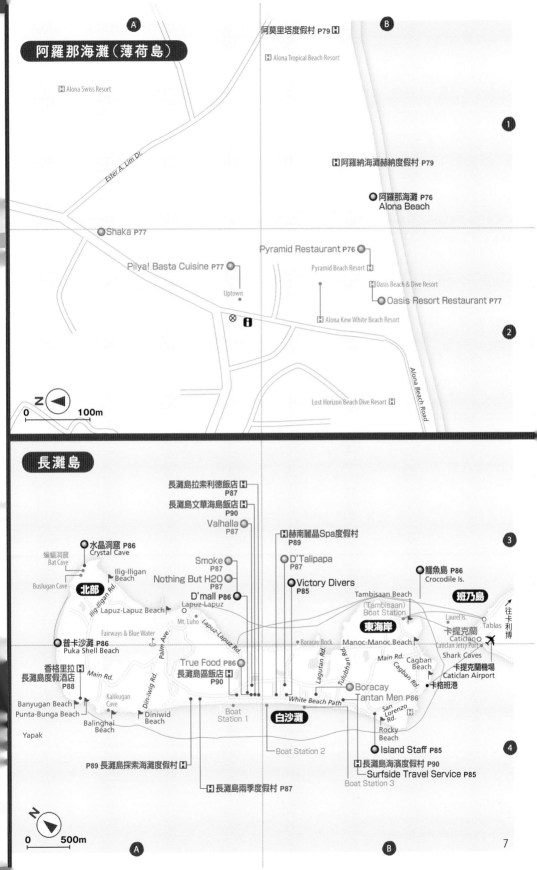

阿羅那海灘（薄荷島）

阿莫里塔度假村 P79 H
Alona Tropical Beach Resort

H Alona Swiss Resort

Ester A. Lim Dr.

H 阿羅納海灘赫納度假村 P79

阿羅那海灘 P76
Alona Beach

Shaka P77

Pyramid Restaurant P76
Pilya! Basta Cuisine P77
Pyramid Beach Resort H

Uptown

H Oasis Beach & Dive Resort
Oasis Resort Restaurant P77

H Alona Kew White Beach Resort

Alona Beach Road

N
0   100m

Lost Horizon Beach Dive Resort H

長灘島

長灘島拉索利德飯店 P87
長灘島文華海島飯店 P90
Valhalla P87

赫南麗晶Spa度假村 P89

水晶洞窟 P86
Crystal Cave

蝙蝠洞窟
Bat Cave

Ilig-Iligan
Beach

Buslugan Cave

Smoke P87
D'Talipapa P87

Nothing But H20 P87

鱷魚島 P86
Crocodile Is.

班乃島

北部

Ilig-Iligan Rd.

D'mall P86
Lapuz-Lapuz Beach
Lapuz-Lapuz

Victory Divers P85

Tambisaan Beach
(Tambisaan)
Boat Station

東海岸

Laurel Is.
Tablas

往卡卡利博

Fairways & Blue Water

Mt. Luho

Lapuz-Lapuz Rd.

卡提克蘭
Caticlan
Caticlan Jetty Port

普卡沙灘 P86
Puka Shell Beach

Palm Ave.

Boracay Rock

Manoc-Manoc Beach

Shark Caves

香格里拉
長灘島度假酒店 P88

Main Rd.

Lagutan Rd.

Main Rd.

Cagban Rd.

卡提克蘭機場
Caticlan Airport

Banyugan Beach
Punta-Bunga Beach

Kalikugan
Cave

True Food P86
長灘島區飯店 P90

Cagban
Beach

卡格班港

Dini-iwig Rd.

Balinghai
Beach

Diniwid
Beach

Boat
Station 1

White Beach Path

Tulubhan Rd.

Boracay
Tantan Men P86

San
Lorenzo
Rd.

Yapak

白沙灘

Rocky
Beach

Boat Station 2

Island Staff P85

P89 長灘島探索海灘度假村 H

長灘島濱海假村 P90
Surfside Travel Service P85

長灘島兩季度假村 P87

Boat Station 3

N
0   500m

A   B

7

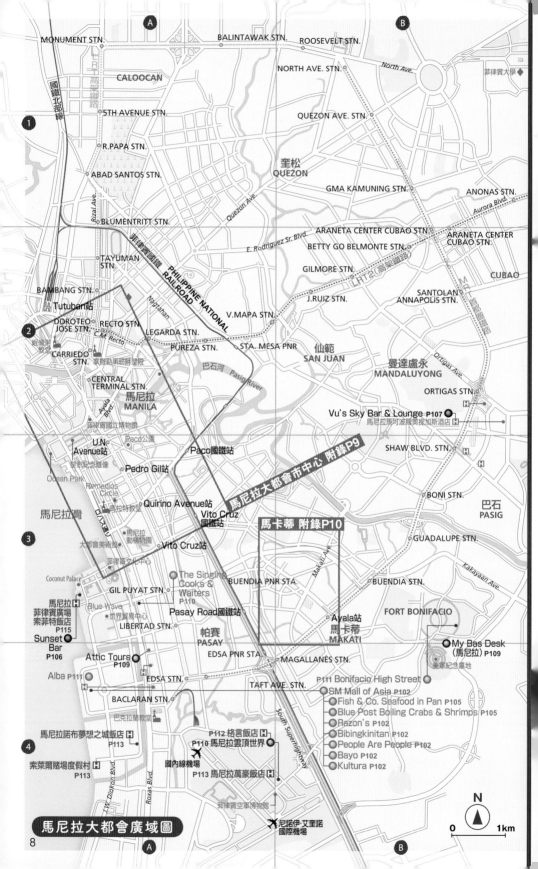

馬尼拉大都會廣域圖

MONUMENT STN.
BALINTAWAK STN.
ROOSEVELT STN.
NORTH AVE. STN.
North Ave.
菲律賓大學

國鐵北部線
國鐵高架鐵路
CALOOCAN

QUEZON AVE. STN.

5TH AVENUE STN.

R.PAPA STN.
GMA KAMUNING STN.
ANONAS STN.

ABAD SANTOS STN.
奎松
QUEZON

Aurora Blvd.
ARANETA CENTER CUBAO STN.
ARANETA CENTER CUBAO STN.

BLUMENTRITT STN.
Quezon Ave.
E. Rodriguez Sr. Blvd.
BETTY GO BELMONTE STN.
CUBAO

菲律賓國鐵
PHILIPPINE NATIONAL RAILROAD
GILMORE STN.
LRT2 (高架鐵路)

TAYUMAN STN.
V.MAPA STN.
J.RUIZ STN.
SANTOLAN
ANNAPOLIS STN.

BAMBANG STN.
Tutuban站
Mactahan
LEGARDA STN.
V.MAPA STN.
仙範
SAN JUAN

DOROTEO JOSE STN.
RECTO STN.
PUREZA STN.
STA. MESA PNR
曼達盧永
MANDALUYONG

CARRIEDO STN.
C.M. Recto
Ortigas Ave.
ORTIGAS STN.

CENTRAL TERMINAL STN.
巴石河 Pasig River

馬尼拉
MANILA
Ayala Blvd.
菲律賓國立博物館

Vu's Sky Bar & Lounge P107
馬尼拉馬可波羅奧提加斯酒店
SHAW BLVD. STN.

U.N Avenue站
Paco公園
Paco國鐵站
黎刹紀念雕像

Pedro Gil站
BONI STN.
巴石
PASIG

Ocean Park
Remedios Circle
Quirino Avenue站
Vito Cruz 國鐵站

馬尼拉灣
大都會美術館
Vito Cruz站
GUADALUPE STN.

菲律賓文化中心
馬尼拉大都會市中心 附錄P9

馬卡蒂 附錄P10

Coconut Palace
GIL PUYAT STN.
The Singing Cooks & Waiters P110
BUENDIA PNR STA.
BUENDIA STN.
Makati Ave.
Kakayaan Ave.

Blue Wave
馬尼拉菲律賓廣場索菲特飯店 P115
Pasay Road國鐵站
世界貿易中心
FORT BONIFACIO

Sunset Bar P106
LIBERTAD STN.
Ayala站
馬卡蒂
MAKATI

Attic Tours P109
帕賽
PASAY
My Bes Desk
(馬尼拉) P109
獨立紀念臺地

Alba P111
EDSA PNR STA.
MAGALLANES STN.
P111 Bonifacio High Street

EDSA STN.
TAFT AVE. STN.
SM Mall of Asia P102
Fish & Co. Seafood in Pan P105

BACLARAN STN.
Blue Post Boiling Crabs & Shrimps P105
Razon's P102

巴克拉蘭教堂
South Superhighway
Bibingkinitan P102
People Are People P102

馬尼拉布夢想之城飯店 P113
P112 格言飯店
Bayo P102

索萊爾賭場度假村 P113
國內線機場
P110 馬尼拉雲頂世界
Kultura P102

M.L. Dilaon Blvd.
Roxas Blvd.
P113 馬尼拉萬豪飯店

菲律賓空軍博物館

尼諾伊·艾奎諾國際機場

N
0   1km

馬尼拉大都會廣域圖

8

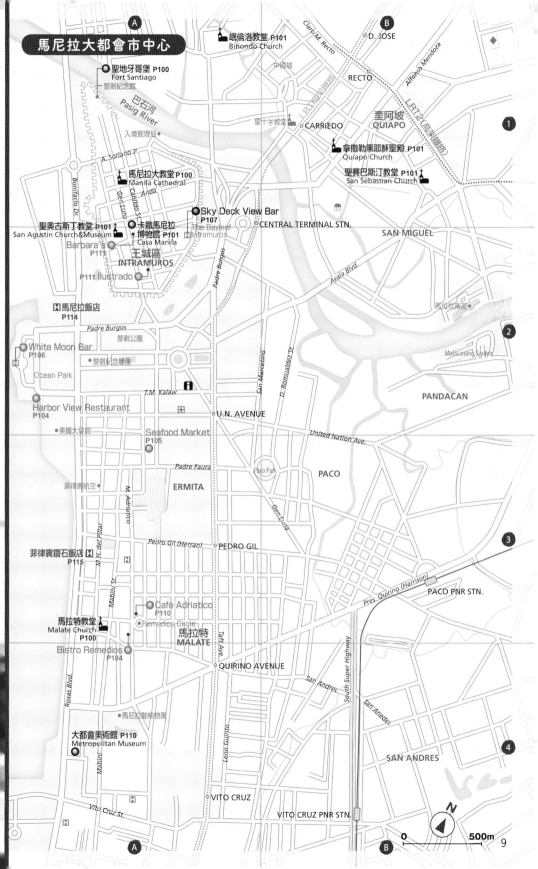

岷倫洛教堂 P101
Binondo Church

D. JOSE

聖地牙哥堡 P100
Fort Santiago

黎剎紀念館

RECTO

Claro M. Recto

Alfonso Mendoza

LRT2（高架鐵路）

巴石河
Pasig River

入境管理局

中國城

聖十字教堂

CARRIEDO

奎阿坡
QUIAPO

拿撒勒黑耶穌聖殿 P101
Quiapo Church

聖賽巴斯汀教堂 P101
San Sebastian Church

A. Soriano Jr.

馬尼拉大教堂 P100
Manila Cathedral

Bonifacio Dr.

Cabildo

Anda

Gen.Luna

Sky Deck View Bar
P107

The Bayleaf

CENTRAL TERMINAL STN.

SAN MIGUEL

聖奧古斯丁教堂 P101
San Agustin Church&Museum

卡撒馬尼拉
博物館 P101
Casa Manila

Intramuros

Barbara's
P111

王城區
INTRAMUROS

Padre Burgos

Ayala Blvd.

P111 Ilustrado

馬尼拉飯店
P114

Padre Burgos

黎剎公園

San Marcelino

D. Romualdez St.

馬拉坎南宮

Malacanang Garden

White Moon Bar
P106

黎剎紀念雕像

Ocean Park

T.M. Kalaw

PANDACAN

Harbor View Restaurant
P104

U.N. AVENUE

美國大使館

United Nation Ave.

Gen.Luna

Seafood Market
P105

Padre Faura

Paco Park

PACO

ERMITA

菲律賓航空

M. Adriatico

PEDRO GIL

菲律賓鑽石飯店
P115

Pedro Gil (Herran)

M. H. del Pilar

Mabini St.

Pres. Quirino (Harrison)

PACO PNR STN.

Cafe Adriatico
P110

馬拉特教堂
Malate Church
P100

Remedios Circle

馬拉特
MALATE

Taft Ave.

Bistro Remedios
P104

QUIRINO AVENUE

Roxas Blvd.

San Andres

South Super Highway

San Andres

馬尼拉動植物園

大都會美術館 P110
Metropolitan Museum

Mabini

Leon Guinto

SAN ANDRES

VITO CRUZ

Vito Cruz St.

VITO CRUZ PNR STN.

N

0   500m

A

B

9

馬卡蒂

City Garden Grand Hotel
Firefly Roof Deck P107

Manila South Cemetery

Kalayaan Ave.

Makati Ave.

Sen. Gil. Puyat Ave.

La Tienda P111

Jupiter

全日空

City Bank

日本航空

Paseo de Roxas

泰國大使館

Ayala Triangle Park

Ayala Ave.

馬尼拉半島飯店 P115

Sala Bistro P111
Fely J's Kitchen P105
Mesa P103
Cerveseria P103
Sentro 1771 P111
Greenbelt
P103

馬卡蒂香格里拉飯店 P114

Ayala博物館 P110
Ayala Museum

Greenbelt Park

Ayala Center P103

Rustan's

Landmark
Philipiniana P103

3

Glorietta P103
Artwork P103
Papemelroti P103

2

1

Antonio S. Arnaiz Ave. (Pasay Road)

SAN LORENZO
VILLAGE

都喜天闕馬尼拉飯店 P115

AYALA STN.

Epifanio Delos Santos Ave. (EPSA)

Antonio S. Arnaiz Ave.

N

0   200m

Palm Ave.

10

N

0   200km

呂宋海
LuzonSea

Vigan

Tuguegarao

卡加煙河
Cagayan

奇哥河
Chico

Banaue
Ilagan

呂宋島
LUZON IS.

Baguio

Dagupan

兗拉克
Clark
Mt.Pinatubo ▲ Angeles

Subic

菲律賓
PHILIPPINES

P97 馬尼拉
Manila

附錄P8

LagunadeBay

Tagaytay L.Taal

菲律賓海
Philippine Sea

Puerto Galera

Legazpi

民都洛島
MINDORO IS.

維薩亞斯群島
VISAYAN IS.

卡拉棉群島
Calamian Group

錫布延海
Sibuyan Sea

北巴拉望
Northern Palawan
P91

庫利昂島
Culion Is.

艾爾尼多
El Nido

附錄P7下

長灘島
Boracay Is. P81

馬斯巴特島
Masbate Is.

薩馬島
SAMAR IS.

米沙鄢海
Visayan Sea

Tacloban

卡利波
Kalibo

班乃島
PANAY IS.

附錄P2-3

雷伊泰島
LEYTE IS.

マシン

巴拉望島

Puerte Princesa

本田灣
Honda Bay

內格羅斯島
NEGROS IS.

宿霧
Cebu Is.
P8

薄荷島
Bohol Is. P71

塔比拉蘭
Tagvilaran

卡米金島
CAMIGUIN IS.

阿古松河
Agusan

Tubbataha珊瑚礁群
（Tubbataha岩礁海洋公園）
Tubbataha Reef

民答那峨海
Mindanao Sea

Cagayan de Oro

民答那峨島
MINDANAO IS.

南 海
South China Sea

Pagadian

L. Lanao

民答那峨河
Mindanao

Davao

馬來西亞
MALAYSIA

Zamboanga

Mt.Apo
2954m ▲

Kotabato

General Santos

西里伯斯海
Celebes Sea

婆羅洲
Borneo Is.

宿霧的
島內交通

觀光中心的宿霧市區和麥克坦島之間車程約30分到1小時。景點和購物中心等分布於廣大範圍內，乘車移動最為方便。

宿霧的遊逛方式

觀光客基本上乘車移動

在沒有電車或輕軌的宿霧，觀光客一般都是搭乘計程車或使用附駕租車服務。某些旅行社會提供附導遊的租車服務。

街頭漫步的注意事項

宿霧市區的麥哲倫十字架周邊適合徒步遊逛。但在人潮擁擠處請多加留意扒手。此外，為安全起見，請記得不要走入人煙稀少的巷弄，且入夜後要避免步行外出。

推薦給觀光客的主要移動方式

	優點	缺點	可利用時段	最低費用
飯店計程車 請飯店幫忙叫車	由於是和飯店簽約的車所以能安心乘坐。僅需支付規定的固定金額	費用比跳錶制稍高	**24小時**	從機場到麥克坦島的飯店為**1300P～** 依飯店和目的地而異
附駕租車服務 請租車公司或旅行社安排	能以小時計算租借費用，所以最適合用來巡遊景點。也有的租車公司能透過網路預約	比起計程車等價格高昂	**24小時**	3小時 **US$80～** 依時間‧人數而異
計程車 路上招計程車，或尋找計程車招呼站	費用便宜。若是於市區隨時能招到車	有敲竹槓的司機。有時需議價	**24小時**	起跳價**40P**，之後每300m或每延滯2分鐘加**3.50P**

計程車的簡單搭乘法

費用雖為跳錶制，但可能會有不啟動跳錶，或是在跳錶動手腳的司機。
乘車時請務必注意是否有在跳錶，司機若不照錶計價可選擇乘坐其他計程車。

便捷的計程車乘車流程

1 尋找計程車

在「TAXI」標示的乘車處搭車。街上行駛的計程車則是舉手即可攔車。或是請用餐的餐廳幫忙叫車。

2 告知目的地

告知目的地後請確認是否開始跳錶。若無則請司機開啟跳錶機。車門為手動式需自行開關。

3 抵達目的地後付費

到達目的地後支付錶上的金額。雖無強迫性需給小費，但若多付些則能讓司機格外開心（大致為40P左右）。

4 從計程車下車

確認物品皆帶齊後再下車。若後車廂放有行李，為防司機連車帶行李逃逸，可請司機一同下車。

＼搭乘計程車時的注意事項／

確認是否有確實跳錶

請留心某些司機會因為塞車等理由而不啟動跳錶。但若知道大致的費用範圍，也可和司機事先談好價錢。

長途乘車可能有追加費用

從宿霧市區前往麥克坦島等長途移動時，司機可能會要求多支付空車回程的費用。若遇此情況，一般為跳錶金額再加50P左右。

事先準備小額紙鈔

計程車大多不接受500P或1000P等的大面額紙鈔。由於司機通常不會有足夠的零鈔可找，所以建議事先準備多張100P紙鈔。

其他移動方式

吉普尼

改造自麵包車的市民交通工具。目的地標示於車體兩側。費用為1區間7P～，直接支付給司機。雖然可隨處上下車，但路線複雜，對於觀光客而言難度較高。

熟悉後可能會派上用場!?

巴士

被稱為MyBus的公共巴士，有5條路線，會行經機場或購物中心等地點。費用基本上為1次25P，使用儲值卡支付。適合對地理位置有概念的人使用。

V-Hire

比吉普尼更適合長途移動搭乘的15人座麵包車。可在Shoe Mart或Ayala Center搭乘，但人數未滿時不會出發。費用為20P～。不適合時間有限的觀光客。

Kalesa

也被稱為Tartanilla的傳統兩輪馬車。適合短途移動。費用為20P～。也有觀光客專用的馬車，但費用較高。乘坐前請先確認費用。

三輪車

在機車旁加裝座位的多人共乘三輪車。最多可擠上7個人。費用為議價，若是短途搭乘則約7P左右。費用依移動距離、時間和司機的心情而異。

機車計程車

在當地被稱為HabalHabal的機車計程車。使用於短途移動，費用約5P左右。優點為不受塞車所困，但因時常發生車禍，所以不建議觀光客搭乘。

馬尼拉
的市內交通

殖民地時期的壯麗建築集中於馬尼拉市中心的王城區周邊。購物中心、賭場和飯店等則是分布於馬尼拉全域。可妥善運用鐵路和計程車移動。

馬尼拉的遊逛方式

無懼塞車的鐵路最方便

馬尼拉大都會有LRT（高架鐵路）和MRT（首都圈鐵路）可搭乘。共有3條路線，搭乘前往觀光景點或購物中心時最為方便。讓人最開心的是無須擔心塞車。

徒步移動時的注意事項

馬尼拉大都會的王城區或馬卡蒂的Ayala Center適合散步。但深夜後人潮也會變少，因此建議在店家完全打烊前結束散步。

推薦給觀光客的主要移動方式

	優點	缺點	可利用時段	最低費用
LRT（高架鐵路）& MRT（首都圈鐵路）	不會塞車且便宜。有距離觀光景點近的車站	各路線計費方式不同，轉乘較不方便	LRT：5～22時 MRT：5時30分～23時	15～30P
飯店計程車	僅需支付飯店規定的固定金額	費用比跳錶制高	24小時	從機場到馬尼拉市區為 1200P～ 依飯店和目的地而異
附駕租車服務	能以小時計算租借費用。也有的租車公司能透過網路預約	比起計程車等價格高昂	24小時	4小時 US$130～ 依時間、人數而異
計程車 ※搭乘方式請參考附錄P13	比飯店計程車便宜許多	有敲竹槓的司機	24小時	起跳價40P，之後每300m或每延滯2分鐘加3.50P

其他交通工具

吉普尼

改造過的麵包車。目的地標示於車體兩側。對於觀光客而言難度較高。1區間7P～。

三輪車

在機車旁加裝座位的短途交通工具。費用為議價，觀光客約50P左右。

巴士

路線涵蓋馬尼拉全域的巴士，但對於觀光客而言難度甚高。費用依巴士公司和搭乘區間而異。

Kalesa

傳統的兩輪馬車。行駛於王城區的觀光馬車1小時約750P左右起。搭乘前需先議價。

馬尼拉大都會有南北向的LRT1和MRT，以及東西向的LRT2共3條路線。LRT1的EDSA站和MRT的Taft Avenue站；LRT2的Araneta Center Cubao站和MRT的Araneta Center Cubao站，雖然車站位置不同，但有通道能互通轉乘。

LRT（高架鐵路）

Light Rail Transit的縮寫。有LRT1和LRT2兩條路線，費用依目的地而異15～30P。LRT1涵蓋了王城區、拿撒勒黑耶穌聖殿和馬拉特教堂等歷史性景點。

MRT（首都圈鐵路）

Metro Rail Transit的縮寫。費用依目的地而異13～28P。連結馬卡蒂和Ortigas等商業區，也能搭乘前往Ayala Center和Bonifacio Global City等地。

便捷的乘車導覽

① 尋找車站

雖然不像台灣會在車站附近設立車站符號的標誌，但會標記站名。某些車站會設有大型看板。

② 購買車票

某些車站有售票機，但大多情形是告知服務窗口目的地後購買磁票。上下班時間購票窗口會特別擁擠。

③ 在驗票處會檢查行李

在驗票口前接受行李檢查。禁止攜帶大型行李、飲料和生鮮食品。檢查後通過自動驗票閘口進站。

④ 前往月台乘車

查看導覽看板，前往目的地方向的月台。方向標示為終點站名，所以請事先多加確認。車廂內禁止飲食。

⑤ 從驗票口出站

由於車廂內沒有廣播，所以請確認月台的標示，在抵達目的地時下車。車票於驗票閘口回收。

LRT、MRT路線圖

※以 ━━ 連結的車站，雖車站位置相異但可經由聯絡通道轉乘

＼ LRT & MRT的注意事項！／

每條路線要購買不同車票

LRT1和LRT2或LRT和MRT之間，即使車站間相連，但在轉乘時車票會被回收。要搭乘不同路線需再另購車票。

上下班時段會非常擁擠

早晚上下班時段（6～10時、16～20時）售票處會大排長龍。車廂內也會十分擁擠，建議避開以上時段搭乘。

情境模擬 簡單英語 會話

Scene 1 在餐廳

請給我菜單。
May I have a menu,please?

請給我窗邊的位置。
I'd like a table by the window.

有推薦的菜色嗎?
What do you recommend?

可以刷卡嗎?
Do you accept credit cards?

Scene 2 在商店

可以試穿嗎?
Can I try this on?

請給我收據。
Can I have a receipt,please?

我想退(換)貨。
I'd like to return (exchange) this.

請給我這個。
I'll take this.

多少錢?
How much is it?

尺寸不合。
This is not my size.

Scene 3 觀光時

計程車乘車處在哪裡?
Where is the taxi stand?

可以請你幫我叫計程車嗎?
Could you call a taxi for me?

哪裡是最近的MRT站?
Where is the nearest MRT station?

我該如何前往這個地址?
How can I get to this address?

Scene 4 遇到困難時

(出示地圖)
請告訴我該怎麼走?
Could you show me the way on this map?

我的錢包被偷了。
My purse was stolen.

可以請你帶我到醫院嗎?
Could you take me to a hospital, please?

請幫我叫警察(救護車)
Please call the police(an ambulance).

匯率 1P≒約 **0.6** 新台幣
(2019年5月現在)

換匯時的匯率
1P≒

記在這裡吧♪